DER STEPHANSDOM

GABRIELE HASMANN

DER STEPHANSDOM

DIE GEHEIME GESCHICHTE VON ÖSTERREICHS KULTURDENKMÄLERN
BAND 1

HERAUSGEGEBEN VON
JOHANNES SACHSLEHNER

pichler verlag

Vollkommener Ablaß.

JHr Päbstliche Heiligkeit haben allen Christgaubigen/welche nach mit wahrer Bereüung ihrer Sünden/ verrichter Beicht/ und empfangener H. Communion die von dem Wiennerischen Ordinario hierzu bestimbte St. Stephans-Thumb-Kirchen am nechstkünfftigen Sontag/ das ist den 18. diß/ oder den Abend zuvor nach der Vesper besuchen/ und alda Gott den Allmächtigen umb Unterdruckung der Unglaubigen und Türckischen Macht/ wie auch umb Beglückseeligung der Christlichen Waffen wider dieselbige/ Einigkeit der Christlichen Fürsten und Potentaten/ Außreitung der Ketzereyen/ und Erhöhung der Christlich-Catholischen Kirchen ihr Gebett andächtig auffopffern/ vollkommenen Ablaß verliehen.

Der Stephansdom während der Zweiten Türkenbelagerung: Ablassbrief von Papst Innozenz XI. Archiv der Domkirche St. Stephan.

INHALT

Johannes Sachslehner

8 DAS LESEBUCH AUS STEIN
Einleitung des Herausgebers

**16 DAS MONUMENT DES GLAUBENS
ALS STEINERNER ZEITZEUGE**
Zur Baugeschichte des Stephansdoms

44 GÖNNER, FRÖMMLER UND FANATIKER
Der Dom und seine Zeitgenossen

**74 BOTSCHAFTEN AN GLEICHGESINNTE
UND ZEICHEN DER MACHT**
Geheimnisvolle Symbole und Rätsel

102 MYSTERIÖSES RUND UM DEN DOM
*Tierische Kreaturen als Überbringer
des Guten und Boten des Bösen*

128 GÖTTLICHE UND ANDERE STRAHLUNGEN
Felder der Kraft und Orte der Besinnung

138 LEICHEN UND RELIQUIEN
*Tod, Elend und Katastrophen,
aber auch Hoffnung*

**188 DER DOM UND SEIN UMFELD
IN FRÜHERER ZEIT**
*Die mittelalterliche Mitte Wiens –
rund um den Stephansdom*

208 ANHANG

„… *Solch ein Schauspiel und die nachlässige Unordnung,
in welcher die schauderhaften Gerippe zerstreut lagen,
waren in der Tat genug, um die Schritte eines Weibes
wankend zu machen und ihre Sinne zu verwirren,
dennoch war dies erst der Anfang der Schrecken* …"

Frances Trollope (1779–1863), britische Romanautorin
und Reiseschriftstellerin, über ihren Ausflug
in die Katakomben des Stephansdoms

DAS LESEBUCH AUS STEIN

EINLEITUNG DES HERAUSGEBERS

Einem gewaltigen steinernen Schiff gleich thront der Stephansdom über der City Wiens, unverrückbar, das Meer der Zeiten durchpflügend. Ein Monument des Glaubens und der Geschichte, Symbol eines christlichen Österreich und Wahrzeichen des Landes. Der Platz, auf dem 1137 der Bau der neuen, dem heiligen Stephanus geweihten Kirche für die aufstrebende Residenz begonnen wurde, lag damals noch außerhalb der Stadt – schon bald jedoch wurde er zur „Heiligen Zone" Wiens schlechthin, zum Mittelpunkt der mittelalterlichen Stadtlandschaft. So wie überall in Europa waren auch hier die Baumeister beseelt von der großen Idee, ein Abbild des himmlischen Jerusalems zu schaffen, ein Haus Gottes als *imago mundi,* ein Heiligtum, in dem sich die kosmische Ordnung, Himmel, Erde und Hölle, das „Universum in seinem Wesentlichen" (Mircea Eliade) spiegelte. Inspiriert von diesem Programm, schufen sie eine faszinierende Kathedrale, ein Denkmal mittelalterlicher Baukunst, das in seiner Bedeutung weit über sakrale und kunsthistorische Belange hinausreicht: Der Stephansdom wurde im wahrsten Sinne des Wortes zum „Schicksalsort" Österreichs.

Wie keine andere Kirche zog der Riesenbau mit dem himmelwärts strebenden schlanken Turm, der „ohne abzusetzen, ohne zu ruhen, in die Wolken steigt, leicht und ohne Beschwerden" (Heinrich Laube), die Hoffnung der Menschen auf sich: die Hoffnung auf Hilfe und auf Gerechtigkeit, auf Befreiung von körperlichen Gebrechen und auf Erlösung aus diesem irdischen Jammertal. Die bekannten Legenden um „Zahnwehherrgott" und „Dienstbotenmadonna" bezeugen es eindrucksvoll: Der Dom wurde zur Zuflucht in der Verzweiflung und in den Stunden der Not; es entwickelte sich ein reiches religiöses Leben, dessen Intensität und „Inbrunst" heute kaum mehr vorstellbar sind. Von den Geistlichen am Dom wurden bis zur Barockzeit geradezu liturgische Höchstleistungen gefordert. Eine Statistik, die der Mesner Johann Wachter für das Jahr 1732 erstellte, gibt allein für diese zwölf Monate unglaubliche 54.558 Messen und 407 Pontifikalämter an, sowie 1095 laut gebetete Rosenkränze, dazu kamen Votivämter, Predigten, Bittgänge, Prozessionen, Litaneien und besondere Gebete, wie sie etwa vom Herrscher in

Notlagen der Stadt und des Reichs angeordnet wurden. So befiehlt Kaiser Leopold I. am 21. Juni 1683 *wegen des Türkens* – das Heer Kara Mustafas steht inzwischen schon bei Mohács in Ungarn – die Wiener zu 40-stündigem Gebet in den Dom und die anderen Kirchen Wiens; jeden Morgen und Abend wird die „Türkenglocke" geläutet, bei ihrem Erklingen muss jedermann auf die Knie fallen und sich der Andacht widmen. Kara Mustafa, der *verdammte Welt-Stürmer*, lässt sich dadurch nicht aufhalten – am Abend des 7. Juli muss der *unüberwindliche Leopoldus* aus der Stadt fliehen und die Menschen, denen er zuvor so großsprecherisch seinen Schutz versprochen hatte, ihrem Schicksal überlassen ... am 14. September 1683 wird er *unter viel Pauken- und Trompetenschall* zurückkommen, im Stephansdom, der monatelang unter dem Beschuss der türkischen Artillerie gelegen hat, das *Te Deum*, den Choral des Sieges, anstimmen und sich als „Türkensieger" feiern lassen.

Nicht zuletzt durch diese enge Bindung der habsburgischen Landesherren an die *Capella regia Austriaca*, Herzog Rudolf der Stifter ist der Erste in einer langen Reihe, wird St. Stephan, seit 1469 Bischofskirche, zum mystischen Kraftzentrum der österreichischen Länder. Hier brennen die Kerzen für das Wohl ihrer Bevölkerung, steigen ohne Unterlass Bitt- und Dankgebete empor zum Himmel. Im Dom predigen Päpste wie Pius VI., der hier am Ostersonntag 1782 das Hochamt zelebriert und in bestem Latein seine Botschaft verkündet, und Johannes Paul II.; er wird zum Schauplatz großer Haupt- und Staatsaktionen der Dynastie: Hier findet am 22. Juli 1515 jene spektakuläre Doppelhochzeit der Enkelkinder Maximilians I. statt, die die Weichen für den Aufstieg des Hauses Österreich stellt; hier feiert man die Siege eines Albrecht von Wallensteins über die Armeen der lutherischen „Ketzer" im Dreißigjährigen Krieg, und hier begräbt man 1736 in der Kreuzkapelle Prinz Eugen, den Helden des Türkenkriegs und der Kämpfe gegen Ludwig XIV. Wenige Jahre später dankt Maria Theresia im Dom, der 1723 zur Metropolitankirche geworden ist, für die Behauptung ihres Erbes im erbitterten Ringen mit Preußens Friedrich den Großen. Und auch 1914, als die k. u. k. Armee zu ihrem letzten verhängnisvollen Feldzug antritt, wird für die Truppen an den Fronten im Stephansdom gebetet.

*Der erste christliche Märtyrer wird zum Patron des Doms gewählt:
die Steinigung des heiligen Stephanus vor den Mauern Jerusalems.
Holzschnitt aus dem „Wiener Heiligthumbuch" (1502).*

Der Dom ist aber auch die Hoffnung jener, die sich nach einer
neuen Ordnung sehnen; „Schenke uns Freiheit! Erlöse uns von
dem Übel der Knechtschaft, die dich selber unterdrückt, denn
dein und unser ist das Reich, die Kraft, die Herrlichkeit in
Ewigkeit!", betete der jungdeutsche Revolutionär Adolf Glaß-
brenner hier in der „Zufluchtsstätte frommer Gemüter", und
hier im Gotteshaus unter dem Doppeladler-Kreuz auf der
Turmspitze, dem „Ecce homo! Der Wiener", hissen im April
1848 vom großen Deutschen Reich träumende Revolutionäre
die schwarz-rot-goldene Fahne.

Im Stephansdom wird Kaiser Maximilians I. dynastische Vision Realität: Sein Enkel Ferdinand heiratet Anna, die Tochter des Jagiellonenkönigs Wladyslaw II. Darstellung von Anton Ziegler, 1838.

Nach dem Untergang der Monarchie 1918 wird der Dom, in dem über Jahrhunderte Habsburgs Glorie verkündet worden ist, zur „Zentralkirche" der Republik; an die Stelle der Dynastie tritt nun das Volk, unvergessen das Plakatbild vom April 1945: Nach sieben Jahren Nazi-Herrschaft weht vom Stephansdom wieder das rot-weiß-rote Banner.

Mehr denn je beweist das Land nach 1945 seine Verbundenheit mit dem Dom: Der Wiederaufbau nach der Brandkatastrophe wird zur gesamtösterreichischen Anstrengung, zur publizistisch vielfach gewürdigten Symbolhandlung für den Aufbau der Zweiten Republik. „Hierher hat sich der innerste Geist unseres Landes gerettet", stellt etwa der Schriftsteller Siegfried Weyr anerkennend fest.

Der Blick auf und in den Dom, in diese einzigartige „Steinmetzwerkstatt der Geschichte" (Gerhard Roth), ist wie der Blick in einen tiefen Spiegel. Er erzählt uns von Verdrängtem und Vergessenen, vom Mord am Pilger Koloman und dem Triumph über die Osmanen, von der Hetze gegen Juden, „Heiden" und „Ketzer". Wir begegnen dem österreichischen Antlitz in seiner Widersprüchlichkeit und Janusköpfigkeit.

Der Stephansdom ist ein Lesebuch aus Stein, das zu entziffern zur faszinierenden Erfahrung wird. Er ist jedoch kein Museum, sondern lebendiger Raum, der sich weiter verändert, wie die Diskussion um die Büste der selig gesprochenen Schwester Maria Restituta von Alfred Hrdlicka zeigte. „Das ist kein totes Inventarstück, das wir von unseren Vätern übernommen haben. Dieser Raum erzählt uns unsere Geschichte. Alle Generationen haben daran mitgearbeitet, alle in ihrer Sprache", schrieb schon 1906 der Architekt Adolf Loos über den Stephansdom. Es liegt an uns, diese in Stein und Dekor geschriebenen „Sprachen" nicht in Vergessenheit geraten zu lassen, ihren Reichtum gegenwärtig zu halten für uns und zukünftige Generationen. Es liegt an uns, in diesem steinernen Lesebuch der Geschichte tatsächlich zu lesen – zu lesen von Hass und Leidenschaften, die sich hier eingegraben haben, von Schadenfreude und Spott, von Widerstand gegen Terror und Diktatur, vom Kampf für die Freiheit und Unabhängigkeit Österreichs.

Johannes Sachslehner

Das monumentale Herz der Stadt: der Stephansdom auf der Stadtansicht des kaiserlichen Kammermalers Jakob Hoefnagel (1575–1630) aus

dem Jahre 1609, der ersten topografisch richtigen Darstellung der habsburgischen Residenz.

DAS MONUMENT DES GLAUBENS ALS STEINERNER ZEITZEUGE

ZUR BAUGESCHICHTE DES STEPHANSDOMS

Nach der Grundsteinlegung in den 30er Jahren des 12. Jahrhunderts erhielt der Stephansdom im 14. Jahrhundert, im Zeitalter der Gotik, seine heutige Gestalt. Nur sein ältester Teil, die Westwand mit Riesentor und den beiden Heidentürmen, blieb trotz Um- und Wiederaufbauten rund 700 Jahre lang nahezu unverändert.

An der Errichtung wirkten unter den wachen Augen der babenbergischen und später der habsburgischen Landesfürsten – es waren dies u. a. Heinrich II. Jasomirgott, Albrecht I., Albrecht II., Rudolf IV. und Friedrich III. – insgesamt 19 Baumeister mit, welche den Stilrichtungen Romanik, Gotik und Renaissance verpflichtet waren. Der Stephansdom besitzt vier Türme, fünf Tore und 22 Glocken, er ist 107,2 Meter lang, 34,2 Meter breit und wiegt geschätzt 200.000 Tonnen. Der höchste Punkt ist die Spitze des Südturms in einer Höhe von 136,44 Metern. Dieser Turm ist der eigentliche „Steffl", auch wenn umgangssprachlich das gesamte Bauwerk so genannt wird.

Jährlich wird St. Stephan, einer der wenigen Dome in Europa, der bereits im Mittelalter fertiggestellt werden konnte, von über zwei Millionen Touristen besucht.

Der Stephansdom ist sowohl eine versteinerte Arche Noah, in der die Geschichte Wiens in Form von Zeichen und Spuren die Flut der Zeiten überlebt hat, als auch ein „vom Glauben versetzter Berg".
Zitat Gerhard Roth, geb. 1942, österreichischer Schriftsteller

Vermutlich auf den Resten einer großen Kirche aus dem 9. Jahrhundert, die wiederum wahrscheinlich auf einem alten römischen Tempel errichtet worden war, wurde 1137 mit dem Bau der neuen Stephanskirche begonnen, und zwar auf einem Platz, der außerhalb der damaligen Stadt Wien lag.

In diesem Jahr schloss Leopold IV., den seine Anhänger auch „den Freigiebigen" nannten und der erst ein Jahr zuvor Markgraf von Österreich geworden war, mit dem Passauer Bischof Reginmar, der 1138 verstarb, den „Tauschvertrag von Mautern" ab. Der Bischof erhielt die Wiener Pfarre mit der Peterskirche, Leopold bekam Ländereien um Wien, wovon allerdings ein Gelände außerhalb der Stadtmauern ausgenommen war. Denn genau dort, wo zu dieser Zeit ein Friedhof lag, der bis ins 18. Jahrhundert benutzt wurde, wollte der Passauer Bischof neben der Gräberanlage die neue Pfarrkirche errichten lassen. Reginmar durfte sogar den Patron der Kirche bestimmen, seine Wahl fiel auf den Schutzheiligen von Passau und gleichzeitig Patron und Namensgeber des Passauer Doms: Stephan.

Der **HEILIGE STEPHANUS** gilt als der erste christliche Märtyrer, laut Überlieferung wurde er etwa 36/40 n. Chr. vor den Mauern Jerusalems gesteinigt. Diese Entscheidung des Bischofs jedoch als reinen Patriotismus oder Einfallslosigkeit abzutun, wäre vermutlich ein Fehler – es dürfte sich dabei um ein politisches Statement gehandelt haben, denn die anderen damals bestehenden Wiener Gotteshäuser – die Ruprechtskirche und die Peterskirche – waren nach den Salzburger Heiligen Rupert und Petrus benannt.

Stand erst einmal der Patron fest, wurde kurz darauf auch schon mit den Bauarbeiten begonnen, und zwar unter der Aufsicht von Heinrich II., auch „Jasomirgott" genannt. Der Herzog holte zu diesem Zweck unter anderem für ihr handwerkliches Geschick bekannte Mönche aus dem Schottenorden von Regensburg nach Wien – es handelte sich bei diesen „Schotten" allerdings um Zuwanderer aus Irland, das damals „Neuschottland" genannt wurde. Der Orden hat heute seinen Sitz im Schottenkloster an der Wiener Freyung.

Zuerst einmal wurden die alten Stadtmauern, bei denen es sich um Umbauten der ursprünglichen Befestigungen des römischen Legionslagers Vindobona handelte, abgetragen und die verbliebenen Gräben, unter anderem auch am heutigen Stephansplatz, zugeschüttet. Ende des 12. Jahrhunderts begann man mit dem Bau einer neuen Mauer, die der Stadt bis zur Ersten Türkenbelagerung 1529 Schutz bieten sollte. Das Geld für diese Arbeiten an den Befestigungen stammte mit ziemlicher Sicherheit unter anderem auch aus dem Lösegeld für den englischen König Richard Löwenherz, der von Jasomirgotts Sohn Leopold V. nach dem dritten Kreuzzug in Wien-Erdberg gefangen genommen worden war. Es handelte sich dabei um sechstausend Eimer Silber, umgerechnet entsprach diese Menge etwa 23 Tonnen Edelmetall, mit dem zum Beispiel auch Wiener Neustadt und die „Münze Wien" gegründet wurden.

Herzog Heinrich Jasomirgott und der Bischof von Passau lassen sich den Grundriss der St. Stephanskirche zeigen. Hochätzung von Blasius Höfel nach einem Gemälde von Leander Russ.

Für den Bau des Doms ist zuerst einmal Muschelkalksand, vorwiegend aus dem Leithagebirge, verwendet worden, den die Handwerker in Blöcken abtrugen und in Wien neu zu geometrischen Formen zusammensetzten. Als Versteinerungen waren darin Austernschalen und Kalkspatkristalle aus Seeigelhäusern zu finden. Daneben wurden Steine der alten Stadtmauer und römische Grabplatten mit eingearbeitet. Später orderten die Baumeister Kalkstein aus den Steinbrüchen zwischen Mannersdorf und Au am Gebirge, der mit Pferdewagen nach Wien transportiert wurde. Alleine für das Jahr 1427 sind 947 Fuhren verzeichnet, was bis heute erhaltene Rechnungen belegen. Der Transport kostete damals rund dreimal so viel, wie der Stein selbst, da die Straßen schlecht waren und die Wagen nur begrenzt zahlende Fahrgäste mitnehmen konnten.

Die benötigten Marmorblöcke stammten aus Süd- und Nordtirol sowie aus Salzburg, sie wurden einen Teil des Weges auf der Donau nach Wien geführt.

Heutzutage wird für Umbauten und Renovierungsarbeiten Stein aus St. Margarethen im Burgenland verwendet, er hat eine Lebensdauer von rund 200 Jahren.

Die Weihe des ersten Teils der romanischen Pfarrkirche zum Heiligen Stephan erfolgte 1147 durch den Passauer Bischof Reginbert von Hagenau. Als wahrscheinlich gilt, dass es damals Bestrebungen seitens der Passauer gab, St. Stephan später in eine Bischofskirche zu verwandeln, da die Kirche für die damalige Stadt überdimensional groß war.

Im 13. Jahrhundert musste die Kirche nach einem verheerenden Brand 1258 allerdings von Grund auf umgestaltet werden, der spätromanische Bau wurde 1263 wiederum feierlich geweiht. 1267 gründete ein gewisser Magister Gerhard, der damalige Pfarrer bei St. Stephan, die Priestergemeinschaft der Cur, die bis heute existiert.

Aus dieser Zeit stammt auch das **RIESENTOR,** das heutige Hauptportal, im Westflügel zwischen den ebenfalls im 13. Jahrhundert errichteten Heidentürmen. Die Bauten verdanken ihre Entstehung dem Böhmenkönig Ottokar II. Přzemysl, der sich nach dem Tod Herzog Friedrichs II., des letzten Babenbergerherzogs, in der Schlacht an der Leitha 1246 der österreichischen Länder bemächtigte.

Über die Herkunft der Bezeichnung „Riesentor" kursieren nun die verschiedensten Deutungen:

Eine Geschichte erzählt von dem fossilen Oberschenkelknochen eines Mammuts, der bei der Grundaushebung für den Nordturm 1443 entdeckt und über dem Tor befestigt worden war, wo er viele Jahre lang den Stephansdom schmückte. Da der Skelettteil damals

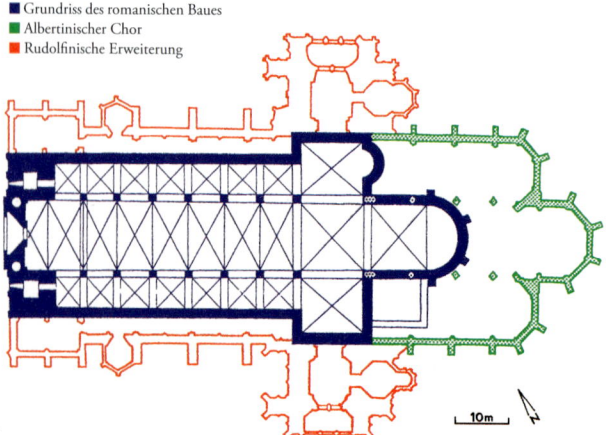

■ Grundriss des romanischen Baues
■ Albertinischer Chor
■ Rudolfinische Erweiterung

10m

Die Bauphasen im Grundriss.

Wurden für die Überreste eines Riesen gehalten: die Oberschenkelknochen eines Mammuts, gefunden 1443 bei Grabungsarbeiten zu den Fundamenten des Nordturms. Geologisches Institut der Universität Wien.

jedoch nicht für ein Überbleibsel eines tierischen, sondern eines menschlichen Riesen, der beim Bau des Doms mitgeholfen haben soll, gehalten wurde, musste der Eingang zur Kirche natürlich nach diesem Sensationsfund benannt werden. Der Knochen wird heute im Geologischen Institut der Wiener Universität aufbewahrt, er trägt auf der einen Seite die Jahreszahl 1443, auf der anderen die Inschrift AEIOU – offensichtlich ließ Kaiser Friedrich III. diesen fossilen Überrest mit seinem Wahlspruch markieren.

Es gibt eine Reihe von alten Berichten über Riesenknochen, die an Wänden von Kirchen und Schlössern aufgehängt waren, allerdings wurden sie oft für Überreste von Einhörnern gehalten und zerrieben in Apotheken als kostbare Medizin verkauft.

Eine andere Überlieferung für die Namensgebung des Riesentors besagt, dass die Bezeichnung auf das mittelhochdeutsche „risen", was „fallen" bedeutet, zurückgehen könnte (Richard Groner, Lokalhistoriker und Journalist). Da der Eingang früher tatsächlich mit einem „Risgater", also einem Fallgitter, gegen den „Stephansfreythof" hin abgeschlossen werden konnte, erscheint diese Erklärung recht glaubwürdig.

Ebenso könnte das Wort „risen" jedoch auch auf die Trichterform des nach innen tief und schräg abfallenden Portals hinweisen.

Es wäre aber ebenso möglich, dass der Name auch auf die Lage des Tores hindeutet, da an dieser Stelle die Sonne „ze rise", also untergeht.

Doch woher der Name des Portals auch immer stammt, hindurchgehen durften zu jener Zeit nur die Adeligen und der hohe Klerus. Das schlichte Volk musste den Dom durch die Seiteneingänge betreten, rechts die Frauen und links die Männer, so wie sie danach auch in der Kirche bis ins 20. Jahrhundert nach Geschlechtern getrennt Platz nahmen (im Mittelalter wohnten die Menschen allerdings noch stehend dem Gottesdienst bei). Wahrscheinlich im Zuge des 2. Vatikanischen Konzils von 1962 bis 1965 wurden die Bestimmungen gelockert und die Geschlechter durften sich mischen – offiziell aufgehoben wurde die Sitzordnung jedoch nie. In manchen ländlichen Gemeinden ist es sogar noch heute Sitte, dass Frauen und Männer getrennt voneinander dem Gottesdienst beiwohnen.

Für den Bau des Riesentors wurden Steine der alten Stadtmauer und von römischen bzw. auch jüngeren Gräbern verwendet. Auf der rechten Seite des Portals, auf einer eingemauerten Grabplatte, ist der Name eines römischen Soldaten der X. Legion aus der Erde von Vindobona zu sehen: *Ursus,* zu Deutsch „der Bär".

Als das Riesentor in den Jahren 1996 und 1997 untersucht wurde, kamen Reste von sieben verschiedenen Farbschichten zum Vorschein, die erst bei der Umgestaltung des Stephansdoms 1972 von der Steinoberfläche abgekratzt worden waren. Bis zum 18. Jahrhundert war der Haupteingang des Doms mit grellen Farben bunt bemalt gewesen.

Am Nordwesteck des Doms, also mit Blick zum Riesentor auf der linken Seite, befindet sich der kleinste Stein des Stephansdoms. Er ist, wie man früher sagte, „so groß wie ein halber Schuh" und wurde in den Pfeiler unter der Bildsäule von Katharina, der Gemahlin von Rudolf IV., eingearbeitet.

In der Wand direkt links neben dem Hauptportal sind zwei Metallstäbe in der Mauer zu sehen, der obere stellt die österreichische TUCHELLE mit einer Länge von etwa 77,6 Zentimetern dar, der untere die LEINENELLE mit ca. 89,6 Zentimetern. Beide Ellen stammen aus der Zeit um 1450 und sind die ältesten noch vorhandenen Maßeinheiten Österreichs. Die Tuchelle war bis zur Einführung des metrischen Systems um 1875 gültig, die Leinenelle wurde bereits wesentlich früher abgeschafft.

Die Stäbe wurden in das Mauerwerk des Doms eingelassen, damit die Bürger ihre gekauften Waren abmessen konnten. Hatten die Produkte nicht die korrekten Maße, drohte im Mittelalter den Schneidermeistern und Stoffhändlern eine Bestrafung. Aber nicht nur für die Kunden, sondern auch für alle Händler aus den verschiedensten Ländern mit unterschiedlichen Sprachen und Maßen, die auf dem Platz ihre Waren tauschten und verkauften, waren die „Kontroll-Ellen" am Dom wichtig.

Links über den Ellen existiert eine runde Vertiefung im Mauerwerk, die angeblich als Maß für die vorgeschriebene Größe eines Brotlaibes diente. Tatsache ist jedoch, dass es sich dabei um Abnutzungserscheinungen durch eine Torbefestigung handelt, verursacht vom Haken eines Gitters, mit dem der Haupteingang in den Dom früher über Nacht verschlossen wurde.

Eine Sage berichtet von einer hochmütigen Frau, die ihren Reichtum nicht mit ihren Not leidenden Mitbürgern teilen wollte. Eines Tages wurde ihr Brot, das sie nach Hause getragen hatte, plötzlich zu Stein. Am nächsten Morgen und auch am Morgen danach kaufte sie sogleich einen neuen Laib, doch auch diese erstarrten und

Hier konnte jeder Zweifler selbst nachmessen: die Tuchelle und darunter die Leinenelle links neben dem Riesentor.

waren somit ungenießbar. Daraufhin erkannte die Frau ihr Unrecht und bereute ihre Habgier. Täglich stand sie von diesem Zeitpunkt an ein ganzes Jahr lang vor dem Riesentor des Stephansdomes um zu büßen. Jeden Morgen, wenn der Mesner das Gittertor aufsperrte, befestigte sie den Torflügel mit einem eisernen Haken an der Seitenwand des Doms.

Eines Tages bemerkte die Frau, dass im Stein dort, wo sie das Gitter einhängte, ein Kreis entstanden war, den der Haken gerieben hatte. Die Vertiefung hatte dieselbe Größe wie ein Laib Brot zu damaligen Zeiten. Die Büßerin sah das als Zeichen Gottes, dass ihre Sünde vergeben worden war, und kehrte fröhlich nach Hause zurück, um fortan ihr Hab und Gut mit den Armen der Stadt Wien zu teilen.

Der Name der **HEIDENTÜRME** dürfte abgeleitet sein vom verwendeten römischen, also „heidnischen" Baumaterial, bestehend aus Überresten der römischen Stadtmauer und römischer Grabmäler. Mit „heidnisch" könnte auch die Form der Turmhelme gemeint sein, die an ein Minarett denken lassen. Der ursprüngliche Name der Bauten lautete allerdings „Heinrichstürme", wahrscheinlich nach ihrem Bauherrn Heinrich II. Jasomirgott. Die jetzige Bezeichnung geht auf den späteren Papst Pius II. zurück, der als Enea Silvio Piccolomini um 1445 als Sekretär Kaiser Friedrichs III. in Wien gewesen ist und an der Universität zum *poeta laureatus* gekrönt wurde.

Die Helme der „heidnischen Türme" waren aus glasierten Ziegeln gemauert, Ende des 15. Jahrhunderts wurden sie durch eine Steinverkleidung ersetzt. Die Heidentürme, unten quadratisch, oben achteckig, gehören, obwohl oft beschädigt, erneuert und verändert, zu den ältesten Teilen des Doms – früher erhoben sie sich mächtig mit 66,3 (linker Turm) und 65,3 (rechter Turm) Metern über die Stadt, heute fristen sie ihr Dasein geduckt unter dem weit höheren Südturm, bedeckt vom Dach der Kirche.

Im nördlichen Heidenturm befinden sich fünf **GLOCKEN**, das Neben- oder Aspergeläut aus dem 18. und 19. Jahrhundert: Es handelt sich dabei um die Feuerin (die im vorigen Jahrhundert umgegossene Ratsglocke von 1453), die Kantnerin, die Bieringerin, die Feringerin und die Churpötsch.

Die Feuerin wurde früher, wie der Name schon sagt, geläutet, wenn Feuer ausbrach, die Kantnerin rief die Kantoren zum Gottesdienst, die Bieringerin mahnte die Wirte, die Ausschenke zu beenden, und die Churpötsch erklang zur Rosenkranz- andacht. Die Bedeutung der Fehringerin ist bis heute unklar. Die Bieringerin läutet heute beim Kirtag in Wien, und zwar um 22 Uhr zur Schließung der Bierzapfhähne.

Jeweils neben den Heidentürmen liegt auf der Nordseite die Prinz-Eugen-Kapelle, auf der Südseite die Eligiuskapelle.

In der **PRINZ-EUGEN-KAPELLE,** die auch Morandus-, Tirna-, Kreuz- oder Liechtensteinkapelle genannt wird, hat im Jahr 1736 Prinz Eugen von Savoyen seine letzte Ruhestätte gefun- den. An der Rückwand des Raumes befindet sich ein spätgoti- sches Kruzifix mit echten Barthaaren – der Künstler, der das Kreuz anfertigte und die Haare aufklebte, ist unbekannt, wem die Haare gehörten, ebenso. Es heißt, der Bart würde beständig wachsen und müsse alljährlich am Karfreitag abgeschnitten wer- den. Tatsache ist, dass Staub und andere Ablagerungen im Laufe der Zeit auf dem Bart anhaften und dieser dadurch „wächst".

Außerdem ist in der Prinz-Eugen-Kapelle ein 1853 entstande- nes Fresko des Malers Johann Nepomuk Ender zu sehen, das die Ereignisse auf Golgota, dem Hügel außerhalb von Jerusa- lem, auf dem den neutestamentlichen Evangelien zufolge Jesus von Nazareth gekreuzigt wurde, zeigt.

Die **ELIGIUSKAPELLE** auf der anderen Seite ist die Anbetungska- pelle des Doms. Sie beherbergt den 1507 vom Chiemseer Bi- schof Ludwig Ebner gestifteten Valentinsaltar, den einzigen noch erhaltenen gotischen Altar von St. Stephan. An der rech- ten Seitenwand steht die „Hausmuttergottes", auch „Himmel- pförtnerin" genannt.

Hinter den beiden Kapellen befinden sich das Bischofstor und das Singertor, beide erbaut im 14. Jahrhundert. Das Bischofs- tor stellte ursprünglich den nordwestlichen Eingang in den Dom dar, das früher nur der Bischof durchschreiten durfte – heute befindet sich an dieser Stelle der Domshop. Durch das Singertor, das bedeutendste gotische Kunstdenkmal des Doms, betritt man St. Stephan von Südwesten. Es wurde vermutlich nach den Sängern, die aus dieser Richtung in die Kirche kamen, benannt.

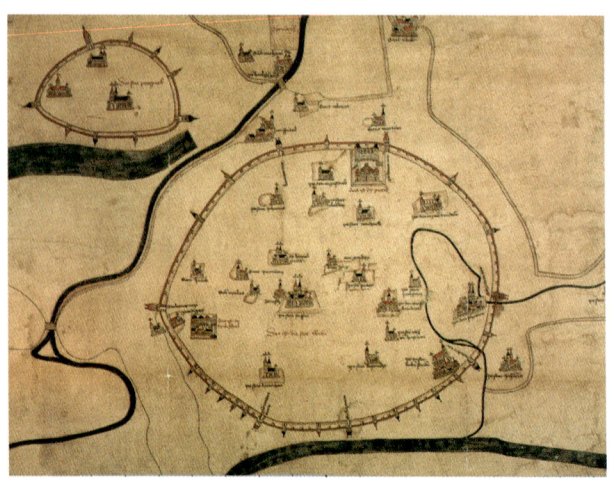

St. Stephan noch ohne „Steffl": der sogenannte „Albertinische Plan".
Kolorierte Federzeichnung auf Papier, um 1421.

Über der Prinz-Eugen-Kapelle liegt im zweiten Geschoß des Steffls die 1440 vollendete Reliquienkammer oder VALENTINS-KAPELLE. Hier befindet sich seit Beginn des 20. Jahrhunderts die von Habsburgerherzog Rudolf IV., genannt „der Stifter", begründete Reliquiensammlung von St. Stephan, unter anderem ruhen hier auch die Gebeine des heiligen Valentin, der unter Kaiser Claudius II. am 14. Februar 269 hingerichtet worden sein soll – allerdings behaupten auch acht andere Kirchen in Europa, darunter die Kirche Santa Maria in Cosmedin in Rom und der Breslauer Dom, dass sie Valentinsreliquien verwahren. Die Legende erzählt, dass der Märtyrer Liebespaare nach christlichem Ritus getraut hätte; den Jungvermählten hätte der heilige Mann dazu auch noch Blumen aus dem eigenen Garten geschenkt.

Über der Eligiuskapelle befindet sich die Bartholomäuskapelle. Diese ist derzeit der Öffentlichkeit nicht zugänglich, es finden dort aber immer wieder Veranstaltungen statt.

Zurück ins Erdgeschoß des Doms: Die WESTEMPORE direkt hinter dem Riesen- oder Haupttor, auf der man sich in einer Augenhöhe mit den Pfeilerfiguren des Langhauses befindet, könnte auf Anweisung des Stauferkaisers Friedrich II., während seines Aufenthalts in Wien 1237, erbaut worden sein. Sie wurde

Der Südturm ist bereits markantes Wahrzeichen: Silhouette Wiens auf dem Albrechtsaltar in Klosterneuburg.

von Rudolf IV. zur Herrscherempore erhoben, später jedoch, nach Errichtung des Bistums im Jahr 1469, standen dort die Altäre. Ab dem Jahr 1720 befand sich die Riesenorgel von St. Stephan, gebaut von Ferdinand Römer, auf der Westempore, die während des Feuers 1945 ein Raub der Flammen wurde. Heute finden dort oben häufig Sonderausstellungen der Domkirche statt.

Weiter geht es ins dreischiffige, gotische LANGHAUS, dessen Wände im Zuge der Kirchenerweiterung unter Rudolf IV. ab 1433 zu beiden Seiten des ursprünglichen Langhauses, das danach abgerissen wurde, emporwuchsen. Nach Errichtung des Dachstuhls ab 1440 nahm Baumeister Hans Puchsbaum die Einwölbung vor und errichtete die in Dreiergruppen angeordneten Konsolen und Baldachine.

Vom Langhaus gelangt man in den ALBERTINISCHEN CHOR, den für das Gebet der Geistlichen bestimmten Teil der Kirche, über dessen Baugeschichte es nur zwei urkundlich nachgewiesene Daten gibt: Baubeginn 1304, und Weihe 1340 durch den Passauer Bischof Albert, zu dessen Diözesangebiet Wien damals noch gehörte. Mit dabei war auch noch Bischof Petrus von Marchapolis, der allen, die künftig am Jahrestag der Einweihung des Chors die Kirche besuchen würden, einen Ablass, also einen Erlass der zeitlichen Sündenstrafen, von 40 Tagen versprach.

Die stilistischen Unterschiede lassen jedenfalls auf eine Bauunterbrechung und einen Wechsel in der Bauführung schließen. Es ist davon auszugehen, dass die Errichtung des Chors mit dem Regierungsantritt von Herzog Albrecht II. im Jahr 1316 wieder aufgenommen und zu Ende geführt wurde. Es wird sogar berichtet, dass der Herrscher aus Geldmangel selbst am Dom mitgearbeitet habe, worauf ein großes Monogramm-A, das sich in Stein gemeißelt an der Außenwand des Chors auf der Südseite befindet, hindeuten soll.

Jedes der drei gleich hohen Chorschiffe hat eine besondere Bestimmung, das Hauptschiff in der Mitte war Christus, dem heiligen Stephanus und allen Heiligen zugedacht, das Wiener Neustädter Schiff auf der nördlichen Seite der Gottesmutter und das Friedrichsschiff im südlichen Teil den heiligen Aposteln. Das Dokument der Chorweihe vom 23. April 1340 wird im Diözesanarchiv aufbewahrt.

Am östlichen Ende des Doms liegt im Norden die OBERE SAKRISTEI, die im 17. Jahrhundert erweitert und im ersten Viertel des 18. Jahrhunderts eingerichtet wurde. Geschmückt ist der Raum mit Fresken von Martino Altomonte, die Szenen aus dem Leben des heiligen Stephanus darstellen, und einem Marmorbrunnen aus dem Jahre 1718.

An der Südseite liegt der KAPITELSAAL, auch Heiligtumsakristei genannt, in dem sich einst der Reliquienschatz von St. Stephan befand und an dessen Außenseite 1942 die künstlerisch bedeutsamste Wandmalerei des 15. Jahrhunderts gefunden wurde.

Heute ist der Saal Sitzungsraum des 12-köpfigen Domkapitels, dem der Stephansdom rechtmäßig gehört.

Die Erbauung des 68,3 Meter hohen NORDTURMS, bei dessen Aushebungsarbeiten die „Riesenknochen" gefunden wurde, begann 1467, endete allerdings 1511 wieder. Als Grund für die Einstellung der Arbeiten werden wirtschaftliche Schwierigkeiten, die religiösen Umwälzungen und die nahende Türkengefahr angegeben.

Rund 50 Jahre später deckten die Brüder Hans und Caspar Saphoy den Turm dann mit einem Renaissance-Dach ein, nachdem die Pläne zur Fertigstellung des Steinstumpfes erneut

Aufriss der Front gegen Westen gesehen. Kupferstich aus Franz Tschischka,
Der St. Stephans-Dom in Wien und seine alten Kunstdenkmale
(Wien 1832).

„*Durchschnitt der ganzen Kirche im Kreuze mit der Ansicht auf das Riesenthor zurück.*" *Kupferstich aus Tschischka, Der St. Stephans-Dom.*

gescheitert waren. Es handelt sich dabei um ein kleines, achteckiges Glockentürmchen, die „Saphoysche oder Welsche Haube", auf dessen Spitze der habsburgische Doppeladler thront, weshalb der Nordturm auch „Adlerturm" genannt wird. Betreten wird er durch das Adlertor.

Obwohl unvollendet, soll der Nordturm dafür besonders stabil sein, da die Maurer dem Wasser, mit dem sie den Mörtel anrührten, angeblich Wein zusetzten. Kaiser Friedrich III. hätte, so die Erklärung für das Panschen, das Trinken des Rebensaftes im Jahr 1450 verboten, weil dieser Jahrgang bereits gesundheitsschädlich sauer und sowieso unverkäuflich war. Und damit der Wein nicht weggeleert werden musste, was einer Gotteslästerung gleichgekommen wäre, befahl er, ihn zum Löschen des Mörtelkalkes zu verwenden. So schafften die Winzer der Umgebung ihren „Reifbeißer", ein Name, den saurer Wein neben regional unterschiedlichen Bezeichnungen wie Darmreißer, Heckenklescher oder Rabiatperle, auch heute noch trägt, nach St. Stephan und überließen ihn den Handwerkern. Die Frage, ob diese ihn dann tatsächlich verarbeiteten oder von Stunde zu Stunde lustiger wurden, sei in den Raum gestellt.

Die Getränkesteuer, das sogenannte Um- oder auch Ungeld, hatte allerdings bereits Rudolf der Stifter eingeführt. Da die Wiener zu jener Zeit bereits zum Frühstück Brei mit Wein zu sich nahmen, machte sich der Monarch wohl Sorgen, dass sich seine Untertanen zu Tode saufen würden. Und das Geld konnte er sicherlich auch gut gebrauchen, vermutlich wurden damit sogar Teile des Doms gebaut.

An der Ostseite des Adlerturms liegt im Erdgeschoß die 1474 geweihte **BARBARAKAPELLE,** die ursprünglich dem heiligen Urbanus geweiht war. In den Balken des dort befindlichen spätgotischen Kreuzes aus der Zeit um 1470, das aus der Pfarrkirche in Schönkirchen, Niederösterreich, stammt, ist ein Reliquienbehälter mit Asche aus dem Konzentrationslager Auschwitz eingesetzt, ein weiterer mit Erde aus Mauthausen.

Bereits 1433, mit einer stolzen Höhe von 136,44 Metern wurde der **SÜDTURM** fertiggestellt, der den Stephansdom zum höchsten Gebäude Europas und zum Stolz aller Wiener machte – etwa 50.000 Einwohner hatte die Stadt zu dieser Zeit. Noch Jahrhunderte später, nach dem Ausgleich mit Ungarn 1867, war es in Österreich-Ungarn verboten, eine Kirche höher zu bauen als den Südturm des Steffls.

Im Gegensatz zu den Heidentürmen und dem Nord- oder Adlerturm ist der Südturm bis heute komplett freistehend und wurde nie mit den Hauptkorpus der Kirche verbunden. Sein Fundament ist erstaunlicherweise weniger als vier Meter tief – im Vergleich dazu hat der rund 157 Meter hohe Südturm des Kölner Doms ein rund 15 Meter tiefes Fundament.

Den Grundstein des Baus hat RUDOLF IV. gelegt, und zwar bereits im Jahr 1359, angeblich sogar eigenhändig, am 12. Juli gemeinsam mit seiner Gattin Katharina von Böhmen. Er soll dabei eine silberne Mauerkelle und eine Haue verwendet haben, die in einer Inventarliste des Doms aus dem Jahr 1448 noch erwähnt wurden. Der ursprüngliche Plan des Herzogs, der zwei Türme an der Stelle vorsah, ist um 1400 jedoch abgeändert worden. Als man sich um 1450 wieder auf das Konzept des Monarchen besann, war es zu spät: die enorme Höhe des einen Turms machte den Bau eines weiteren unmöglich.

Doch genau diese Höhe erlaubte weite Blicke in die Ferne, zum Beispiel zur Feindbeobachtung während der Zweiten Wiener Türkenbelagerung. Außerdem positionierte sich dort am 28. April 1534 auch die Feuerwache, die in der TÜRMERSTUBE in einer Höhe von 72 Metern Tag und Nacht nach eventuellen Feuersbrünsten Ausschau hielt. Bei Ausbruch eines Brandes innerhalb der Stadt hatte der Türmer tagsüber eine rote Fahne, nachts eine rote Laterne in Richtung des Feuers zu schwenken und mit Hilfe eines blechernen Sprachrohrs die Bevölkerung zu warnen. Gleichzeitig wurde eine schriftliche Meldung in einer Bleikugel durch ein Rohr an der Außenseite des Doms zum Turmmeister hinuntergeschickt, der dann die militärische Feuerwache, die am Petersplatz ihren Dienst versah, alarmierte, wofür er am Tor den Glockenzug „anriss". Bis heute findet sich im Feuerwehrjargon die Phrase „Es reißt an" für die Alarmierung von Einsatzfahrzeugen.

Etwa 1547 zog die Feuerwache vom Petersplatz ins „Wasserstadl" am Hof (heutige Adresse: Am Hof 9) um. Ab 1835 wurden die Feuerwächter im Turm mit Fernrohren ausgerüstet, da die ständig wachsende Stadt zu diesem Zeitpunkt nicht mehr mit freiem Auge zu überblicken war. Die handgeschriebenen

Meldungen wurden 1855 durch telegraphisch übermittelte Nachrichten ersetzt.

Bevor es jedoch zu organisierten Löschaktionen durch eigene Feuerwehrmänner kam, versuchte die Bevölkerung selbst die Brände zu bekämpfen. Hilfsbereite Männer und Frauen füllten aus Brunnen Wasser in große Bottiche, die mit Pferdewagen ganz nahe zur Ausbruchsstelle des Feuers geführt wurden. Die Menschen bildeten dann eine lange Kette und reichten in Kübeln das Wasser von Hand zu Hand weiter.

Der letzte Türmer jedenfalls versah, bereits unter anderem mit Heizung, Kochplatte und Telefon ausgerüstet, bis zum 31. Dezember 1955 seinen Dienst! Um Punkt 24 Uhr trug er folgenden Text ins Protokollbuch ein: *Nach 421 Jahren Dienstleistung der Türmer zu St. Stephan schließe ich, als letzter Türmer der Feuerwehr der Stadt Wien, dieses Buch – Prosit Neujahr. Unterschrift: Anton Schyr, LM*

Die letzte Eintragung eines Brandes erfolgte am selben Tag um 20 Uhr 15 von Herrn Maschek: „Feuer in der Langegasse 9."

Wie viele Türmer insgesamt ihren Dienst im Südturm des Doms versahen, ist nicht bekannt, die Zahl der in die Fensterbögen eingeritzten oder geschriebenen Namen ist jedenfalls sehr groß.

Zum Türmerstüberl kursiert folgende Sage:

In dem Raum neben dem Stüberl gab es einst eine Kegelbahn, die aufgrund der beengten Verhältnisse sehr kurz geraten war. Die Spieler standen stets mit dem Rücken zur Bahn und rollten die Kugel zwischen ihren Beinen hindurch – die Trefferquote war also überaus niedrig. Trotzdem hatten der Turmwächter und eingeladene Freunde viel Spaß an diesem „Freizeitvergnügen". Einer der Gesellen gewann aber immer mehr an Fertigkeit und traf bald regelmäßig alle Neune. Da wollte keiner mehr mit ihm um die Wette spielen, und so kegelte der junge Mann regelmäßig alleine. Eines Sonntags stieg er wieder einmal die Stufen zum Stüberl hinauf, musste aber bis spät abends warten, bis die Bahn frei wurde, und betrank sich. Als alle anderen den Turm verlassen hatten, begann der Bursche zu kegeln und traf wie immer bei jedem Schub alle Neune. Plötzlich, es war genau Null Uhr, betrat ein hagerer, bleicher Mann im grauen Umhang den Raum und legte dem jungen

Mann die Hand auf die Schulter. „Die Mitternacht ist da, beende dein Spiel", flüsterte er, doch der betrunkene Kegler weigerte sich, verhöhnte den unheimlichen Gast und forderte ihn sogar auf, mitzuspielen. Der Mann zischte daraufhin: „Du Unverbesserlicher! Ich sage dir, jeder Schub von mir trifft alle Neune. Wenn nicht, zahle ich jeden Betrag, den du verlangst." Der Bursche rief: „Die Wette gilt!", fasste nach einem Kegel und schleuderte ihn durch ein Fenster auf die Straße hinaus. Erbost warf der hagere Mann seinen Umhang ab, unter dem ein Skelett zum Vorschein kam, und schrie: „So haben wir nicht gewettet, aber der Tod trifft alle Neune, auch wenn es nur acht sind!" Der Knochenmann packte die Kugel und schleuderte sie mit so großer Wucht in die Kegel, dass alle zusammenstürzten – und mit ihnen auch der junge Bursche. Am nächsten Morgen wurde er tot auf der Bahn liegend aufgefunden. Der Turmwächter und seine Freunde spielten mit acht Kegeln weiter, doch jede Nacht erschien der junge Mann und suchte verzweifelt immer wieder den ganzen Raum ab, da er nicht eher seine Erlösung finden konnte, bis alle neun Kegel gefallen waren.

Und solange die Kegelbahn existierte, war es Sitte, dass die Besucher des Turmstüberls einen Schub zur Erlösung seiner Seele tun mussten.

Es tummelten sich aber auch noch andere Personen in den luftigen Höhen, unter anderem jene, die dort oben meteorologische Beobachtungen durchführten. Heute befindet sich dort die Aussichtsterrasse.

Im Glockenstubengeschoß des Südturms hing früher die alte **PUMMERIN**, die 1711 aus 180 Kanonen, die während der Türkenbelagerung 1683 im Einsatz gewesen waren, gegossen wurde (von Karl Achamer, dem Sohn eines christianisierten Türken) und rund 22,5 Tonnen wog. Sie hieß eigentlich „Josephinische Glocke", benannt nach Kaiser Joseph I., der den Auftrag zum Guss gab und im selben Jahr verstarb. Sie ertönte erstmals am 26. Jänner 1712, als Kaiser Karl VI. von der Kaiserkrönung nach Wien zurückkehrte. 16 Männer mussten damals zusammen am Glockenstrang ziehen, und es dauerte eine Viertelstunde, bis der Klöppel das erste Mal anschlug. Joseph II. nannte die Glocke „Artillerie der Kirche", da ihr Geläut den Südturm regelrecht zum Zittern brachte.

Ein Volksfest anno 1711: Die Pummerin oder auch „Josephinische Glocke", gegossen aus erbeuteten türkischen Kanonen, wird zum Stephansdom geführt.

Die Bezeichnung „Pummerin" kommt übrigens vom tiefen Klang der Glocke, dem „Pumpern".

Im Zuge des großen Dombrandes vom 11. auf den 12. April 1945, der durch Funkenflug entstand, als Plünderer Häuser am Stephansplatz in Brand setzten, griff das Feuer auch auf den Glockenstuhl über, woraufhin die Pummerin aus dem brennenden Gebälk in die Tiefe fiel und lautstark am Turmboden zerschellte. 1951 wurden die Bruchteile eingeschmolzen und eine neue Pummerin, „Marienglocke" genannt, gegossen, die seit 1957 aus dem Nordturm erklingt – allerdings nicht nur in der Nacht von 31. Dezember auf den 1. Jänner, also zu Silvester, sondern auch noch an einigen anderen Tagen wie zu Allerseelen, am Heiligen Abend, am Ostersonntag, bei Tod und Wahl eines Papstes, und natürlich auch am Stephanitag zu Ehren des Schutzpatrons Stephanus. Sie erklingt außerdem bei Katastrophen mit Todesopfern wie zum Beispiel zu „9/11", an dem Tag, als im Jahr 2001 bei Terroranschlägen in den USA rund 3.000 Menschen ums Leben kamen. Aber auch Wiens ehemaligem Bürgermeister Helmut Zilk wurde bei den Trauerfeierlichkeiten anlässlich seines Todes im Oktober 2008 die Ehre des Pummeringeläuts zuteil.

Die große Glocke trägt drei lateinische Inschriften, die übersetzt lauten:

Gegossen bin ich aus der Beute der Türken,
als die ausgeblutete Stadt nach tapferer
Überwindung der feindlichen Macht jubilierte. 1711.
Geborsten bin ich in der Glut des Brandes.
Ich stürzte aus dem verwüsteten Turm,
als die Stadt unter Krieg und Ängsten seufzte. 1945.
Wiederhergestellt unter Theodor Kardinal Innitzer,
über Bemühung von Heinrich
Gleißner, durch Werkmeister Karl Geiz;
geweiht der Königin von Österreich, damit
durch ihre mächtige Fürbitte Friede sei in Freiheit. 1951.

Über dieser Inschrift befindet sich eine Darstellung des Bundeswappens, darunter das oberösterreichische Landeswappen, sowie die Wappen Kardinal Innitzers, des Linzer Bischofs Dr. Josef Fließer und der Glockengießerei St. Florian.

Die neue Pummerin wiegt über 21 Tonnen und ist die zweitgrößte, freischwingend geläutete Kirchenglocke in Europa – die größte ist die St. Petersglocke im Kölner Dom mit rund 24 Tonnen Gewicht. Im Dezember 2010 ist ein neuer Klöppel für die Pummerin gegossen worden, der am Aschermittwoch 2011 eingesetzt wurde. Die Lebensdauer der Riesenglocke verlängerte sich durch diese Maßnahme von 150 auf 3.000 Jahre, da der neue Klöppel nicht mehr 800, sondern nur noch 600 Kilogramm wiegt und schonender anschlägt.

Außerdem sind in der Glockenstube des Nordturms aber auch noch drei weitere Glocken untergebracht, und zwar die Speisglocke, die zu Beginn des Kommunionganges zu einem Kranken oder Sterbenden, also bei Verteilung der „Himmelsspeise", geläutet wurde, die Zügenglocke, die früher erklang, wenn jemand „in den letzten Zügen" lag oder eine Hinrichtung kurz bevorstand, und die kleine Glocke. Die „Kleine" ist die älteste Glocke des Doms und stammt wahrscheinlich aus dem 13. Jahrhundert.

Es wird erzählt, dass die Speisglocke, als der Stadthauptmann Mathias Arnold, Sohn des Gießers jener Glocke, verstarb, von selbst

21 Tonnen schwer, geweiht der „Königin von Österreich": Seit 1957 erklingt die neue Pummerin aus dem Nordturm des Stephansdoms.

zu läuten begann. Auch die von Johann Achhammer 1711 gegossene Pummerin, damals noch Josephinische Glocke genannt, soll von selbst eine furchtbaren Schlag getan haben, als ihr Hersteller am 9. Dezember 1712 verstarb.

Drei weitere Glocken wurden bei dem Brand 1945 vernichtet: die alte Halbpummerin im Nordturm sowie die Viertelpummerin und die Fürstenglocke im südlichen Heidenturm. In der GLOCKENSTUBE des Südturms hängt heute das Hauptgeläut des Doms, es handelt sich dabei um 11 Glocken aus den 1950er Jahren: Leopoldsglocke, Christophorusglocke, Leonhardsglocke, Josefsglocke, Canisiusglocke, Piusglocke, Allerheiligenglocke, Clemensglocke, Michaelsglocke, Tarzisiusglocke und die größte, die sogenannte Halbpummerin, die Stephanusglocke. Ganz oben im Turmhelm befinden sich außerdem noch zwei Uhrschlag-Glocken: die Uhrschelle aus dem 15. Jahrhundert, die einzige tatsächlich erhaltene Glocke aus der gotischen Zeit (die anderen Glocken wurden neu gegossen), die zu jeder vollen Stunde schlägt, und das Primglöcklein aus dem 18. Jahrhundert, das zu den drei Vierteln erklingt. Als in einer schwülen Gewitternacht im Jahr 1449 ein „Donnerstrahl" in den Südturm einschlug und die Einrichtung der

Türmerstube vernichtete, wurde dieses Ereignis am unteren Ring der Uhrschelle festgehalten:

An St. Johannes Sonnabendtag in der 9ten Stund Nachmittag ist der Thurm von wildem Feuer ausgebrennet.
Anno DMCCCCXLVIIII.

Und über das PRIMGLÖCKLEIN schrieb der Historiker, Politiker und Schriftsteller Josef Freiherr von Hormayr in seinem Buch *Wien, seine Geschichte und seine Denkwürdigkeiten,* das 1824 erschien: „… Aber diese Glocke (jetzt noch das Zeichen zum Laternen-Anzünden) war den Chorherren das Zeichen zur Prim oder wie Rudolph sich ausdrückte, zur Preim …" Die Prim war die erste Messe am Morgen, die also mit dieser Glocke eingeläutet wurde, sie ertönte außerdem am Nachmittag zur Vesperzeit und vor allem auch bei Unwettergefahr. Hormayr schreibt weiter, dass es aber ein „Mährchen" sei, dass diese Glocke früher „Breinglöcklein" geheißen habe und zum Gedächtnis an die „Bräune"-Epidemien (veraltete Bezeichnung für Diphtherie oder Angina) in Wien geläutet worden sei bzw. auch zur Abwehr der Plage.
Das Primglöcklein erklang früher zur vollen Stunde automatisch, die drei Viertel mussten bis ca. 1945 die Turmwächter mittels eines Drahtzugs anschlagen und damit beweisen, dass sie anwesend waren bzw. nicht schliefen.

Doch dann trug es sich zu, so die Sage, dass im Zuge der letzen Türkenbelagerung Wiens der Feind beim Barte Mohammeds schwor, die Stadt zu erobern, bevor die Uhr das letzte Viertel schlug. Somit wurde es ab dem Jahr 1683 unterlassen, das letzte Viertel anzuschlagen.

Natürlich handelte es sich dabei um die Vorgängerin des heutigen Primglöckleins, das ja erst im 18. Jahrhundert gegossen wurde. Auch der Zugang zum Dom im Südturm hat seinen Namen von dieser Glocke oben im Turm: Primglöckleintor.
An der Südfront befinden sich vor dem Dach die hochgotischen „Wimperge" (Windberge), große Zacken, die verhindern sollen, dass die volle Kraft des Windes auf die große Fläche des Daches trifft, was enormen Druck verursachen würde.
An der Ostseite des Südturms liegt im Erdgeschoß des Doms die achteckige KATHARINENKAPELLE, die 1395 geweiht wurde und

nach der Gemahlin Rudolfs IV. benannt ist. Seit dem 17. Jahrhundert wird sie bis heute als Taufkapelle benutzt.

Vor ihrem Eingang erinnert eine im Boden eingelassene Gedenktafel daran, dass bei der k.k. Katastralvermessung von 1817 bis 1837 von dem hohen Turm aus wesentliche Teile des Habsburgerreichs vermessen und anhand dieser Informationen die Grundsteuern zugewiesen wurden. Darauf steht *Geogr. Länge: 34. 02' 27" 32 östl. v. Ferro, Geogr. Breite: 48. 12' 31" 54*, wobei es sich bei Ferro um die Kanaren-Insel El Hierro handelt. In der Antike galten die Hesperiden, wie die Kanaren damals genannt wurden, als der westlichste bekannte Punkt der Erde; bis 1884 war der „Ferro-Meridian" neben dem Pariser Meridian der am weitesten verbreitete Nullmeridian. Hier wird auch die Höhe von 171 Metern über dem Meeresspiegel angegeben, von Venedig aus gemessen,

Auf der Westseite des Turms befindet sich die **UNTERE SAKRISTEI**, die aus zwei Räumen besteht. Im Hauptraum sind eine Deckenmalerei des Barockmalers Martino Altomonte, das Gebet und das Opfer des Elias, aus dem Jahr 1732 zu sehen, außerdem ein lebensgroßes Kruzifix aus der Zeit um 1420. Der Nebenraum enthält ein Deckenfresko, das die Schlüsselübergabe an Petrus darstellt.

Der 14-eckige Taufstein aus Salzburger Marmor in der Katharinenkapelle, bezeichnet 1481. Die Sitzreliefs im Sockel zeigen die vier Evangelisten.

Nachdem sich St. Stephan Mitte des 14. Jahrhunderts von der einfachen Pfarrkirche des Bistums Passau zur Kollegiatkirche oder Domkirche, jedenfalls ohne Bischofssitz, gewandelt hatte, waren fast genau 100 Jahre später, kurz nach Errichtung des Bistums Wien 1469, die Voraussetzungen für eine Bischofskirche geschaffen – der Stephansdom wurde zur Kathedrale. Dieser Umstand verlangte nun auch nach einem prunkvolleren Inventar: Es wurde mit dem Bau eines Taufbeckens aus rotem Salzburger Marmor begonnen, zu sehen in der Katharinenkapelle, ein Orgelfuß aus der Hand von Meister Anton Pilgram angeschafft, der heute in der nordöstlichen Ecke des Langhauses zu finden ist, und der alte Predigtstuhl in der Mitte des Langhauses durch eine Kanzel aus Breitenbrunner Kalksandstein ersetzt.

Nach der Türkennot und den Religionskämpfen im Zuge der Reformation im 16. und 17. Jahrhundert hielt im 18. Jahrhundert in den Stephansdom der Barock, in die Köpfe der Menschen die Aufklärung, in der die Geschichte als entscheidende Instanz neben die Religion trat, Einzug.

Seit 1723 ist St. Stephan die Metropolitankirche des Erzbischofs von Wien.

Im Jahr 1809 zerschoss die Artillerie Napoleons den obersten Teil des Südturms, doch erst 1839 wurde mit der Abtragung von rund 20 Metern des baufälligen Gemäuers, das sich mittlerweile auch zur Seite neigte, begonnen. Die neu aufgesetzte Spitze erwies sich aber als mangelhaft, weshalb sie erneut, dieses Mal rund 40 Meter, abgehoben werden musste. Von 1862 bis 1864 fand der neuerliche Wiederaufbau des Südturms unter Dombaumeister Friedrich Schmidt statt.

Ebenfalls im 19. Jahrhundert wurde mit der Renovierung des 110 Meter langen und 37,85 Meter breiten **DOMDACHS**, gotisches Handwerk aus 2000 Kubikmetern Lärchenholz (das entspricht dem Holz aus einem Wald in der Größe des Bezirkes Josefstadt), das im Laufe der Zeit stark beschädigt worden war, begonnen. Es wurde mit 230.000 bunt glasierten Ziegeln zu je 2,5 Kilogramm in 10 Farbtönen, angeordnet in einem Zickzackmuster, besetzt, das an einen orientalischen Teppich erinnert. Die wertvollen Ornamente aus der Fremde galten zu dieser Zeit als ein Zeichen für Wohlstand und erfreuten sich großer Beliebtheit. Beispielsweise war auch das Leichentuch von Her-

Erinnert an einen orientalischen Teppich: das Zickzackmuster des Domdachs. Im Bild die Nordseite mit dem Wappen der Stadt Wien und dem Wappen der Republik Österreich.

zog Rudolf IV. aus einem orientalischen Stoff mit ähnlichem Muster gefertigt.

Auf der Südseite des Dachs prangte das Wappen des österreichischen Reichsadlers mit den Initialen von Kaiser Franz I. und der Jahreszahl 1831 im Brustschild, da der Herrscher einen großen Teil der Kosten der Renovierungsarbeiten übernahm.

In den 30er Jahren des 20. Jahrhunderts bekam der Stephansdom eine elektrische Beleuchtung; zwischen 1946 und 1948 wurde im Dom auch das erste WC installiert, und zwar in der UNTEREN SAKRISTEI. Im Mittelalter hatten die Menschen ihre Notdurft in den Kirchen in fahrende Leibschüsseln oder Kübel verrichtet, die unter den Bänken für diesen Zweck bereitstanden. Um den Gestank aushalten zu können, wurde vermutlich früher während der kirchlichen Zeremonien ständig der Weihrauchkessel geschwenkt.

Zu dieser Zeit wurde auch das Dach erneut renoviert, da es durch den Brand 1945 stark beschädigt worden war. Es besteht nun aus 605 Tonnen Stahl, auf der Nordseite ist das Wappen der Stadt Wien und das der Republik Österreich, mit der Jahreszahl 1950, zu sehen. Allerdings war der Dachbaumeister offensichtlich kein Heraldiker, denn der Bundesadler blickt, folgt man den Gesetzen der Wappenkunst, in die falsche Richtung, obwohl es eigentlich verboten ist, ein Wappen zu verändern. Vermutlich handelt es sich dabei aber weder um ein Versehen, noch um eine geheime Botschaft: Der Grund dürfte einzig ein ästhetischer gewesen sein. Es wurde außerdem eine Betondecke eingezogen, die eine leichte Krümmung aufweist, damit das Wasser abfließen kann.

Es konnten noch Restbestände der farbigen Dachziegel, sogenannte „Biberschwanzziegel", die in Slowenien hergestellt worden waren, aufgekauft werden. Nach deren Vorbild war es möglich, Nachbildungen anzufertigen. Es musste auch nicht geraten werden, wie genau die Keramikplatten zu verlegen seien, denn es existierten noch die alten Pläne, welche die Art der Befestigung beschrieben, sowie auch das genaue Muster und die Farbgestaltung. Heute lagern noch rund 40.000 der Ziegel für künftige Reparaturarbeiten auf dem Dachboden des Doms, dort, wo unter anderem auch das Modell des Stephansdoms im Maßstab 1:25 sein eher unbeachtetes Dasein fristet.

Und damit jedermann die Farbenpracht auf dem Dach des Stephansdoms auch zu jeder Jahreszeit bewundern kann, wurden die steilsten Schrägen mit einem Winkel von 80 Grad gebaut. Somit kann im Winter der Schnee an diesen Stellen abrutschen und der Dom ist niemals zur Gänze zugeschneit.

Wesentlich unheimlicher, aber genauso gut erklärbar ist ein Phänomen, das der Sonnenschein an Spätsommernachmittagen am Dach des Steffls erzeugt, wobei dieses in den warmen Monaten des Jahres stets um einige Zentimeter höher ist als im Winter. Eine Reflexion der farbigen Ziegel zwischen den Heidentürmen sorgte schon oft für große Aufregung, vor allem bei jenen, die an Geister glauben.

Bei der Erscheinung, die man hin und wieder von den Höhen der Grinzinger Weinberge aus auf dem Stephansplatz beobachten kann, handelt es sich um eine „Weiße Frau", unter anderem wird sie „Jausenfee" genannt. Die Gestalt ist mit Schleier und Umhang bekleidet und wandert, silbrig glänzend bis strahlend golden leuchtend, von der Stirnseite des Stephansdoms auf der linken Seite des Baus nach hinten.

Bereits die „Arbeitsgemeinschaft Döblinger Lehrer" erwähnte die „Dame" in ihrer 1922 erschienenen Döblinger Heimatkunde: „Schaut man in der Sommerzeit von den Weinbergen Untersieve-

rings, Heiligenstadts und Nussdorfs gegen die Stephanskirche, so zeigt sich jedem um vier Uhr nachmittags nächst dem Turme eine weiße Erscheinung, welche die Gestalt eines Weibes hat." Und so wussten die uhrenlosen Winzer immer genau, wann es Zeit für die Jause war, daher der Name „Jausenfee".

Zum Leidwesen aller Spukgläubigen handelt es sich bei der „Weißen Frau" aber tatsächlich nur um eine Reflexion. Die leicht asymmetrisch taillierte Figur der strahlenden Gestalt bildet sich offensichtlich durch den Schattenwurf des südlichen Heidenturms und die Begrenzung durch den perspektivisch schräg versetzten nördlichen Heidenturm.

1951 schien es auf Grund fehlender finanzieller Mittel, als müssten die Renovierungsarbeiten eingestellt werden, doch dank der Unterstützung der Wiener Bürger und durch Hilfe aus dem ganzen Land wurde es möglich, den Dom am 23. April 1952 feierlich wiederzueröffnen. Seit dieser Zeit hängt eine Tafel zum Gedenken an die Spenden aus den Bundesländern im Steffl, die die Verbundenheit der Österreicher mit dem Wahrzeichen ihrer Hauptstadt symbolisiert:

Die dich in dieses Gotteshaus ruft,
DIE GLOCKE, spendete das Land Oberösterreich,
Das dir den Dom erschließt, DAS TOR, das Land Steiermark,
Der deinen Schritt trägt,
DEN STEINBODEN, das Land Niederösterreich,
In der du betend kniest, DIE BANK, das Land Vorarlberg,
Durch die das Himmelslicht quillt,
DIE FENSTER, das Land Tirol,
Die in festlicher Helle erstrahlen,
DIE KRONLEUCHTER, das Land Kärnten,
An der du den Leib des Herren empfängst,
DIE KOMMUNIONBANK, das Burgenland,
Vor dem deine Seele sich in Andacht neigt,
DEN TABERNAKEL, das Land Salzburg,
Das die heilige Stätte des Landes behütet,
DAS DACH, spendete im Verein mit vielen,
hilfreichen Händen die Stadt Wien.

GÖNNER, FRÖMMLER UND FANATIKER

DER DOM UND SEINE ZEITGENOSSEN

Woher kam eigentlich das Geld für die Bauarbeiten am Dom? – Nun, angeblich verlangte bereits Herzog Albrecht II. im Jahr 1339 von jedem „Untertan" einen Groschen Steuer für den Bau des Stephansdoms, sogar von den Kindern, die noch in der Wiege lagen.

Seit dieser Zeit rekrutierte sich das Kirchenvermögen neben den freiwilligen Abgaben der Bürger hauptsächlich aus landesfürstlichen und städtischen Beiträgen, aus Zoll-, Maut-, Ablass- und Bußgeldern. Natürlich ist auch der Klerus in die Pflicht genommen worden, Nachlässe von Geistlichen gingen meist ausschließlich an die Kirche.

Neben den anderen Kirchen ist auch der Stephansdom größtenteils mit zwangsverordneten ABLASSGELDERN, das sind Zahlungen bestimmter Beträge gegen den Erlass der Sünden, erbaut und ausgestattet worden, wie erhaltene Ablassbriefe beweisen. Diese Ablassgelder, mit welchen die Geistlichen auch ihren Lebensunterhalt bestritten, wurden bis ins 16. Jahrhundert eingefordert. Danach stieg die Kirche auf das Appellieren an die Großzügigkeit der Menschen und auf das Erbitten von Spenden als einzige Einnahmequelle um.

Im Mai 1939 führten die Nationalsozialisten die Kirchenbeitragssteuer in Österreich ein – nach einer Zeit der freiwilligen Geldabgabe trat wieder die Pflicht in den Vordergrund, die aus katholischer Sicht „Schikane der Nazis" wurde zur Dauereinrichtung.

Aber es gab tatsächlich immer auch genug Menschen, die freiwillig bereit waren, den Bau und danach die Arbeiten zur Erhaltung des Doms zu finanzieren. Eine Aufzeichnung aus der Mitte des 15. Jahrhunderts gibt Auskunft über eine Haussammlung, die in Wien für den Bau von St. Stephan durchgeführt worden ist; für die damalige Zeit kam ein relativ hoher Betrag zusammen.

Und bis heute wird stets fleißig gespendet und gesponsert, teilweise mit sehr hohen Summen, weshalb am Stephansdom ständig gebaut werden kann und er deshalb so gut wie nie ohne Einrüstung zu sehen ist. Für genügend Kleingeld ist ebenfalls immer gesorgt – 23-mal besteht die Möglichkeit, in Opferstöcke und -büchsen sein Gewissen zu erleichtern oder dort seine

Liebe zum Steffl in monetärer Form zu deponieren – besonders publikumswirksam durch Einwurf von Münzen und Scheinen in den „Gläsernen Steffl", eine Riesensparbüchse vor dem Haupttor. Ein guter Teil der Spenden stammt von Touristen, die dafür ihre Sünden in ihrer Muttersprache offenbaren können, denn in der prominenten Kirche wird die Beichte in bis zu 11 Sprachen abgenommen.

Am Fuß des Nordturms ist an der Fassade des Doms eine Steintafel mit den Namen von Spendern angebracht, allerdings wird diese Ehre nur jenen zuteil, die sich in der Vergangenheit mit Beträgen von über 500.000 Schilling der Kirche gegenüber großzügig gezeigt haben.

Im Mittelalter glaubten die Menschen außerdem, sie müssten sich durch Stiftungen und Vermächtnisse nach dem Ableben, sogenannte Legate, den Weg in den Himmel finanzieren.

Und so häuften sich durch die Einnahme der vielen niedrigen und auch hohen Geldbeträge bei der Kirche langsam große Summen an; das für die Erhaltung des Kirchengebäudes notwendige Kapital wurde lateinisch *fabrica ecclesiae* (= „Kirchenfabrik") genannt.

Die Verwaltung dieses Vermögens übernahmen im 13. Jahrhundert unter König Ottokar II. Přemysl die Bürger Wiens. Es ent-

Ein bewährtes Instrument zur Finanzierung des Doms: Ablassurkunde für St. Stephan aus dem Jahre 1339. Archiv der Erzdiözese Wien.

stand daraus eine eigene Dienststelle, das Kirchenmeisteramt, mit einem angesehenen und reichen Ratsherrn an der Spitze. Bis ins 19. Jahrhundert wurden die Gelder für den Stephansdom auf diese Art und Weise verwaltet.

Heute achtet auf alle kirchlichen Konten die Bank Schelhammer & Schattera, welche der katholischen Geistlichkeit, die Mitbesitzer des Betriebs ist, für die Einkünfte aus der von den Österreichern bezahlten Kirchensteuer stets großzügige Zinsen gewährt. Die Bank befindet sich in der Goldschmiedegasse unweit von St. Stephan, wo früher die Goldschmiede der Stadt arbeiteten.

Zuständig für die Errichtung des Doms und die vielen aufwändigen Bau- und Sanierungsarbeiten war die Steinmetzbruderschaft, aus deren Bauhütten die organisierte Freimaurerei hervorging.

Das Wort „Bauhütte" wurde 1816 durch Johann Wolfgang von Goethe in seinem Aufsatz „Kunst und Alterthum am Rhein und Mayn" geprägt, davor war nur der Begriff „Hütte" bekannt. Der deutsche Architekt und Denkmalpfleger Carl von Heideloff erweiterte das Wort 1844 auf „Dombauhütte".

In der heutigen **DOMBAUHÜTTE**, die in einem Zubau an der Nordfassade des Langhauses untergebracht ist, arbeiten – teilweise mit uralten Techniken und Werkzeugen, wie sie früher verwendet wurden – rund 20 Steinmetze, Schlosser, Elektriker, Bildhauer und Tischler, um dem nagenden Zahn der Zeit entgegenzuwirken und Sicherungsmaßnahmen zu treffen.

Einer der Steinmetze ist ein „Manner-Mann" – die Firma Manner unterstützt die Restaurierung des Doms seit rund 25 Jahren und hat ihn zu seinem Markenschutzzeichen gemacht.

Von den antiken Hütten ist nur wenig überliefert, es existieren kaum Dokumente oder Belege. Es wird aber angenommen, dass früher ausschließlich Priesterkasten das Wissen um die Baukunst besaßen.

Darüber, wie sich Handwerker informierten und organisierten, ist nichts bekannt. Erstmalig erwähnt wurde die römische „Baucollegia", deren Mitglieder im Laufe der Zeit ein beachtliches Maß an Macht und Einfluss erlangten. Eine Verbindung dieser „Edelhandwerker" zu den Bauhütten ist aber nicht nachgewiesen.

Es gab früher auch das Hüttengeheimnis, das bedeutete, dass es verboten war, Gebräuche und Informationen zu Handwerkstechniken an Außenstehende weiterzugeben. Diese Verpflichtung zum Stillschweigen existiert teilweise auch heute noch. Generell waren die Hütten perfekt organisiert und miteinander vernetzt. Die Wiener Dombauhütte war eine der mächtigsten in Europa.

Der **DOMBAUMEISTER** als Person spielte eine große Rolle in der Geschichte, im Mittelalter stand ihm sogar die Gerichtsbarkeit zu.

Es heißt, dass vor knapp 1.000 Jahren unter Europas Kirchenfürsten gleichsam ein Wettstreit um den prächtigsten Dom ausgebrochen war, allein in Frankreich wurden zwischen 1050 und 1350 angeblich mehr Steine gehauen als in der gesamten Geschichte des alten Ägypten, genug, um 80 Kathedralen, 500 große Kirchen und Zehntausende von Gemeindekirchen zu bauen. Dieser Wettstreit wurde der „Kreuzzug der Kathedralen" genannt, und die Steinmetzbrüder waren die Krieger dieses Kreuzzugs. Sie allein kannten die Geheimnisse der Steinbearbeitung, der Geometrie und der Statik, mit denen es gelang, so gewaltige Monumente zu errichten. Die Kirchenfürsten waren daher auf das Wissen der Bruderschaft angewiesen.

1976 fand in Wien eine Konferenz der Baumeister der größten Dome Europas statt. Zur Erinnerung an dieses Treffen wurde eine Bronzetafel an der Außenwand des Nordturms montiert und ein Stein aus dem Ulmer Dom, dem mit 161 Metern höchsten Europas, zum Zeichen der Verbrüderung der anwesenden Baumeister eingesetzt.

Einer der leitenden Baumeister in Wien war **HANS PUCHSBAUM**, nach seinen Plänen wurde der Nordturm von St. Stephan errichtet. Als der Bau des Turms eingestellt wurde, munkelten die Menschen, dass dies mit Puchsbaums Tod und gewissen mysteriösen Umständen zu tun hätte – bald erzählte man sich folgende Geschichte:

Während Hans Puchsbaum als Baumeister in St. Stephan arbeitete, verliebte er sich in eine Frau namens Maria. Maria war ebenfalls sehr angetan von dem fleißigen und geschickten Mann, und eines Tages fand Hans endlich den Mut, um Marias Hand anzuhalten.

Der Teufel hat beim Dombau seine Hand im Spiel: Hans Puchsbaums Todessturz. Illustration von Carl Fahringer zu Moriz Bermanns „Sagen und Geschichten aus der Kaiserstadt Wien" (Stuttgart 1926).

Dem Vater der zukünftigen Braut gefiel das aber gar nicht, doch er verbarg seinen Ärger und sagte zu Puchsbaum: „Ich erfülle dir deinen Wunsch, knüpfe aber eine Bedingung daran. Vollende den Nordturm innerhalb eines Jahres, ist er dann ebenso hoch wie der Südturm, gebe ich dir Maria zur Frau." Der Baumeister wusste, dass diese Aufgabe unmöglich zu schaffen war, und so bat er den Teufel um Hilfe. Dieser willigte ein, den Turm fertigzustellen, verlangte aber als Gegenleistung, dass Puchsbaum in dem einen Jahr weder den Namen Gottes, noch den der Jungfrau Maria noch den eines Heiligen aussprechen durfte. Würde er es doch tun, wollte der Teufel seine Seele holen. Der Baumeister willigte ein. In den Monaten nach diesem Pakt wuchs der Turm in Windeseile empor, doch Puchsbaum machte sich immer häufiger heftige Vorwürfe, weil er diese Vereinbarung mit den dunklen Mächten getroffen hatte. Als er eines Tages hoch oben auf dem Gerüst stand, um die Arbeit zu beaufsichtigen, sah er unten am Domplatz Maria stehen. Puchsbaum rief ihren Namen, und im selben Moment stand der Teufel neben ihm und schleuderte den Mann unter höhnischem Gelächter in die Tiefe, wo sein Körper direkt vor den Augen Marias auf dem Platz zerschmetterte.

Der Bau ging in den folgenden Jahren nur noch schleppend bis gar nicht mehr voran, ohne dass jemand die Gründe dafür wusste. Als offensichtlich wurde, dass der Turm nicht mehr höher „wachsen" würde, wurden die Bauarbeiten 1511 endlich ganz gestoppt. Und so blieb der Nordturm bis heute unvollendet.

Zuständig für die Einteilung der Arbeiten am Stephansdom und der dafür benötigten Gelder ist heute der Wiener Domerhaltungsverein, dessen Wurzeln bis in das Jahr 1865 zurückreichen. Der Verein „Unser Stephansdom" wiederum finanziert wissenschaftliche Untersuchungen und Forschungsprojekte zur Verbesserung der Renovierungsmethoden.

Beim Arbeiten zusehen kann man den Handwerkern der Dombauhütte Wien jedes Jahr im Herbst beim Tag der offenen Tür, bei dem auch Geld für den Steffl gesammelt wird. Natürlich sind der Kirche auch Sachspenden willkommen. Für gratis Stiftswein ist allerdings bereits gesorgt, brave Winzer spenden jährlich durchschnittlich 360 Liter ihrer edlen Tropfen.

Pläne und Architekturzeichnungen der mittelalterlichen Dombauhütte von Wien, die berühmten „Risse", sind in der Wiener Akademie der bildenden Künste und im Archiv der Stadt Wien zu finden. Über die Renovierungsarbeiten seit 1976 sowie über aktuelle Projekte geben die Homepages von St. Stephan oder der Dombauhütte Auskunft.

Die ersten klassischen Restaurierungsarbeiten begannen Ende des 18. Jahrhunderts. Während des Zweiten Weltkriegs konzentrierte sich die Kirche dann allerdings darauf, die Kunstschätze des Doms zu schützen und in Sicherheit zu bringen: Die Kanzel und das Friedrichsgrab wurden deshalb ummauert, die bunten Glasfenster ausgebaut, das Riesentor gesichert und wertvolle Gegenstände in die Katakomben gebracht.

Nach dem großen Feuer in der Nacht vom 11. auf den 12. April 1945 wurde der Dom innerhalb weniger Jahre wieder aufgebaut – mit den ersten Arbeiten begannen die Wiener Bürger, während die Trümmer noch rauchten. Rund 7.000 Tonnen Schutt mussten damals aus der Kirche geschafft werden, zur Wiederherstellung des Steffls wurde teilweise Material von Häusern, die bei den Bombenangriffen im Krieg zerstört worden waren, verwendet. Unterstützt wurde das kostspielige Projekt durch Aktionen wie die „Patenschaft" für einen Dachziegel, die damals fünf Schilling pro Stück kostete, eine Briefmarkenserie oder die Dombaulotterie.

Allerdings wäre dem Dom im April 1945 beinahe der endgültige Todesstoß versetzt worden. Gerhard Klinkicht, Hauptmann bei der Flak-Untergruppe Großjedlersdorf, erhielt wenige Wochen vor Kriegsende vom Stab des Stadtkommandanten Generaloberst Sepp Dietrich über Funk folgenden Befehl: „Als Vergeltung für das Hissen der weißen Fahne auf dem Stephansdom ist der Dom zunächst mit 100 Granaten in Schutt und Asche zu legen. Sollte das nicht ausreichen, ist bis zu seiner völligen Zerstörung weiterzuschießen." Die weiße Fahne stammte von der WIDERSTANDSGRUPPE 05 und war an der Südseite des Doms aufgezogen worden. Klinkicht, der zu diesem Zeitpunkt mit seinen drei Flakbatterien am Abhang des Bisambergs stand, meldete den Befehl angesichts der Entfernung von 14 Kilometern als „undurchführbar". Der „Retter des Stephansdoms" spendete in der folgenden Zeit insgesamt umgerechnet rund

150.000 Euro für die Erhaltung des Steffls. 1997 wurde ihm zu Ehren eine Gedenktafel gegenüber dem Curhaus am Stephansplatz angebracht.

Von sowjetischer Seite wird auch noch eine andere Geschichte über die Rettung des Stephansdoms erzählt. Demnach hätte die SS den Plan gehabt, den Dom zu sprengen, was österreichische Patrioten den Sowjets meldeten. Daraufhin habe ein Garde-Leutnant Wassischtschew vom Zug des Garde-Leutnants Kukin den Befehl erhalten, dies zu verhindern. Wassischtschew und seine Leute hätten die MG-Stellungen der SS am Stephansplatz ausgeschaltet und auch den Sprengtrupp der SS, der bereits im Dom am Werk war, verjagen können. Rotarmisten hätten schließlich auch die Löscharbeiten am brennenden Dom ermöglicht, indem sie eine unterbrochene Wasserleitung wieder instand setzten.

Und auch Gauleiter und „Reichsverteidigungskommissar" Baldur von Schirach, der sich ansonsten nicht in die militärischen Abläufe während der „Schlacht um Wien" einschaltete, beanspruchte später den Verdienst für sich, dass eigentlich er es gewesen sei, der die von Generaloberst Dietrich geforderte Beschießung des Doms verhindert hätte.

Doch nicht nur in früheren Zeiten, bis heute gibt es am und im Dom immer etwas zu tun:

Außen Umwelteinflüsse wie Regen, Feuchtigkeit, Frost, Moos- und Flechtenwuchs, oder auch Taubenkot, innen Reparaturen an Scheiben, Gemälden, Fresken, Altären, Gräbern und Steinböden …

Fest steht, dass jährlich mehr als zwei Millionen Euro für Renovierungsarbeiten benötigt werden und das Geld aus diversen Quellen dafür auch stets ausreicht – doch könnte sich heute keine Stadt mehr die Errichtung eines solchen Bauwerks leisten. Selbstverständlich ist der Dom mitsamt seinen Kunstschätzen auch alarmgesichert, laut Domarchivar Reinhard Gruber sind die Sicherheitsvorkehrungen nicht gerade gering – nähere Angaben dazu macht er aber keine.

Natürlich hatten vor allem die Wiener durch die Jahrhunderte immer eine innige Beziehung zum Dom. St. Stephan war stets ein Ort der Ruhe, der Besinnung und des Rückzugs, seine Räume spendeten Geborgenheit, Hoffnung und Trost. Der mo-

Dramatische Momente: Das Dach des Doms hat Feuer gefangen; davor Soldaten der Roten Armee.

Ein Trümmermeer: erste Aufräumarbeiten im April 1945.
Foto von Lucca Chmel.

numentale Bau war daher in schweren Zeiten immer erste und wichtigste „Anlaufstation", wenn es darum ging, von Gott Hilfe und Schutz zu erflehen. Das galt für den einzelnen Gläubigen genauso wie für das Staatswesen insgesamt.

So befindet sich beispielsweise an der Außenwand beim Adlertor das Relikt eines Metallstücks in Ringform, bei dem es sich um die Spule einer Seilwinde, die für den Bau des Doms benötigt wurde, handelt. Allerdings wird dieses Überbleibsel aus alten Zeiten auch ASYLRING genannt, weil die Menschen, die sich dorthin flüchten konnten, vor ihren weltlichen Verfolgern sicher waren und damit der kirchlichen Rechtshoheit unterstanden. Das Asylrecht wurde St. Stephan Ende des 12. Jahrhunderts von Leopold VI. verliehen – abgeleitet davon heißt es beim Fangenspielen bei Berührung eines bestimmten Gegenstandes „Ich bin im Leo" –, jedoch 1637 durch Kaiser Ferdinand III. wieder aufgehoben.

Herzog Rudolf IV. anerkannte 1361 neben St. Stephan nur noch das Wiener Schottenstift – dieses hatte das Rechtsstatut von 1161 bis etwa 1775 – und die landesfürstliche Burg als Asylstätten an. Die bestimmten Gebäude, in welche sich der einer Straftat Verdächtige flüchten konnte und die vom Stadtrichter und seinen Knechten im Zuge der Verfolgung nicht betreten werden durften, wurden auch „Freiung" genannt. An

Bot Schutz vor Verfolgung durch weltliche Gewalten: der „Asylring" neben dem Adlertor.

diese Bezeichnung erinnert der Platzname „Freyung" vor dem Schottenstift. Das Gericht hat die Strafverfahren der „Asylanten" dann in Abwesenheit der Beschuldigten durchgeführt und ihnen das Ergebnis mitgeteilt. Stand die Schuld fest, wurde der Straftäter ausgeliefert, wenn nicht, durfte er die Freiung unbehelligt verlassen. Sinn dieses Brauchs war die Vermeidung vorschneller Verurteilungen.

Anfang der 1990er Jahre diente der Stephansdom als Kulisse für eine moderne Asyl-Forderung: Eine Gruppe von Aktivisten hatte vor einem Eingang ein riesiges Plakat befestigt, auf dem stand: „Für totale Kriegsdienstverweigerung – Freiheit für Totalverweigerer – Asyl für Deserteure."

Schutz vor „Gefahr im Wolfspelz" bot der „WOLFSSEGEN", der ab dem 14. Jahrhundert in der Christnacht im Stephansdom gesungen wurde, als in den bitterkalten Wintermonaten immer wieder hungrige Wolfsrudel in Wien und seinen Vorstädten einfielen. Bei der Zeremonie des „Wolfssegens" trug ein Geistlicher, mit Stola und Vespermantel bekleidet, nach dem Hochamt das Evangelium in einem einzigen, besonderen Ton vor. Dieser Brauch soll bis ins 18. Jahrhundert ausgeübt worden sein. An die Gefahr, die damals von den Wölfen ausging, erinnern auch so manche alte Hausschilder wie z. B. jenes am Salzgries 23, lautend auf „Zum Wolf in der Au", „Zum weißen Wolfen" in der Wolfengasse 3, oder auch „Wo der Wolf den Gänsen predigt" in der Wallnergasse 11. „Zum Wolf in der Au" hieß auch ein Gasthaus in der Linzer Straße 486 am Fuß des Wolfers- und Bierhäuselbergs. Sein Name soll sich tatsächlich davon herleiten, dass 1833 beim Auhof das letzte Mal ein Wolf auf Wiener Boden erlegt wurde.

Die Menschen pilgerten aber auch zum Steffl, wenn sie ein körperliches Leiden plagte, zum Beispiel bei Zahnschmerzen. Dort sollte der „ZAHNWEHHERRGOTT", der an der Außenseite des Doms in der Mittelnische des Chores, in der „Armenseelennische", steht (das Original befindet sich mittlerweile in der Halle des Nordturm), Abhilfe schaffen. Bei den damaligen Behandlungsmethoden verwundert es nicht, dass die Leute lieber beteten, als zum Arzt zu gehen – meist wurden die betroffenen Zähne nämlich kurzerhand ohne Narkose herausgerissen, was man früher auch „brechen" nannte.

Aber auch andere Sorgen und Probleme haben die „armen Seelen" dem „Heiland im Elend", wie der „Zahnwehherrgott" auch noch genannt wird, anvertraut. Glaubt man der Sage, so soll die Statue auf folgende Weise zu ihrem Namen gekommen sein:

Es trug sich zu, dass eines Abends die stadtbekannten Trunkenbolde Diepold, Georg und Wendelin nach einem feuchtfröhlichen Beislbesuch nach Hause wankten und dabei auch an der Heiland-Figur vorbeikamen. Lallend machten sie sich über die Leidensmiene des Herrgotts lustig: „Seht her", rief der eine, „der Knabe hat Zahnschmerzen." „Kein Wunder, wenn er tagein, tagaus im Zug steht", lästerte der andere. Der dritte im Bunde nahm sein Tuch aus der Tasche und band es der Figur lachend um den Kopf, sodass die Backen bedeckt waren.

In der folgenden Nacht jedoch wurden die drei Männer von furchtbaren Zahnschmerzen heimgesucht, es half weder der Schluck aus der Schnapsflasche noch ein warmer Lappen im Gesicht, selbst der herbeigeeilte Arzt wusste keinen Rat. Die drei Trunkenbolde erkannten, dass wohl ihre Lästerei Schuld an ihrem Leid war, und so eilten sie gleich am Morgen des nächsten Tages zum Herrgott, um Abbitte zu leisten, wobei sie reumütig am Boden knieend selbst zur Zielscheibe des Spotts wurden. Bald darauf waren sie von ihren Schmerzen befreit.

Doch nicht nur beinahe jeder einfache Wiener Bürger, sondern auch die Künstler und Intellektuellen der Residenzstadt pflegten stets ein ganz besonderes Verhältnis zum Wiener Wahrzeichen. So schrieb etwa ADALBERT STIFTER schwärmerisch:

„… Wenn man Wien von einer Anhöhe aus betrachtet, deren mehrere in ganz geeigneter Entfernung liegen, so zeigt sich die Stephanskirche gewissermaßen als Schwerpunkt, um welchen sich die Scheibe der Stadt lagert, und an der Kirche ist wieder der Thurm der Zeiger ihrer Majestät … Wenn man in großer Entfernung ist, in denen man weder die Stadt noch die Kirche erblicken kann, so ragt doch er wie ein blauer Schatten oder wie eine matte Linie oder wie eine dämmerige Pappel empor … Wenn man in der Jägerzeile der Stadt zugeht, ruht die einfache edle Last der ganzen Kirche und des Thurmes als große Macht und doch als leichtgebildetes Kunstwerk in den Augen des Wandelnden …"

Schwärmten für den Stephansdom: Adalbert Stifter (links) und der „zugereiste" Friedrich Hebbel (rechts).

Über die Katakomben, die er mit Freunden im November 1841 besuchte, wusste er allerdings weniger Schönes zu berichte und über den Anblick einer mumifizierten Frauenleiche notierte er:

Mit welchem Pompe mag sie einst begraben worden sein! Und im welchem Zustande liegt sie jetzt da! Blossgegeben dem Blicke jedes Beschauers, schnöde auf die Erde niedergestellt, und unverwahrt vor rohen Händen; das Antlitz und der Körper ist wunderbar erhalten, die Züge des Gesichts sind erkennbar, die Glieder des Körpers sind da, aber die züchtige Hülle desselben ist verstaubt und zerrissen, nur einige schmutzig-schwarze Lappen liegen um die Glieder und verhüllen sie dürftig, auf einem Fusse schlottert ein schwarzer Strumpf, der andere ist nackt, die Haare liegen wirr und staubig, und die Fetzen eines schwarzen Schleiers ziehen sich seitwärts und kleben aneinander wie ein gedrehter Strick - diese Zerfetzung des Anzuges und die Unordnung, gleichsam wie eine Art Liederlichkeit, zeigte mir ins Herz schneidend die rührende Hilflosigkeit eines Toten und widersprach fürchterlich der Heiligkeit einer Leiche.

Der deutsche Dramatiker und Lyriker **FRIEDRICH HEBBEL** kam im Jahr 1845 nach Wien, als armer „Schreiberling" in zerschlissenen Hosen und Jacken: *...Ein eiskalter Wind blies mich an,*

*Regentropfen fielen, mich fröstelte und auch meine Seele begann
zu schaudern. Das war der Gruß des Vaterlandes …*

Dazu muss erwähnt werden, dass Hebbel alle Orte, an welchen
Deutsch gesprochen wurde, als Vaterland bezeichnete.

Der Dichter kam in einem ungeheizten Mietzimmer in der Josefstadt unter und war nach kurzer Zeit schon wieder bereit,
abzureisen. Doch zwei Barone arrangierten seine Übersiedlung
ins vornehme Hotel Erzherzog Karl, und Hebbel schrieb, er erwachte erstmals unter *damastenen Decken mit goldenen Fransen*.
Hebbel wurde in Wien eingeführt und begann sich rasch wohl-
zufühlen. Zu seiner Wahlheimat bekannte er sich folgendermaßen:

*Wie ernstlich ich mich als einen Wiener betrachtete habe ich im
Jahre 1848 wohl durch meine Handlungsweise bewiesen; ich würde
mein Leben gewiß nicht eingesetzt haben, wenn ich mich für einen
Fremden, einen bloßen Zuschauer gehalten hätte.*

Und 1857 brachte er in Form eines Gedichtes seine Verehrung
für den Stephansdom zum Ausdruck:

AUF DEN DOM ZU SANKT STEPHAN IN WIEN

*Altehrwürd'ges Symbol der wahren Einheit und Eintracht,
Welch ein gewaltiges Bild stellst du mir hin vor den Geist!
Mehr erhebt es mich fast, dich werden zu sehn in Gedanken,
Als mich, gesättigten Blicks, deiner Vollendung zu freun.
Welch ein harmonisches Leben!
Welch fröhlicher Austausch der Kräfte!
Und von Geschlecht zu Geschlecht schlingt sich das heilige Band.
Kaum entfaltet der Meister, des Genius irdischer Herold,
Fromm und begeistert den Plan, als sich auch alles ihm beugt:
Nicht das Handwerk bloß, das nur durchs Dienen sich adelt,
Auch die stolzere Kunst horcht nur auf seinen Befehl.
Einer greift zur Kelle, der andre zum Meißel, und freudig
Fängt nun jeglicher an, was er nicht endigen soll.
Wer als kräftiger Jüngling die luft'gen Gerüste erklommen,
Steigt erst herunter als Greis, doch es ersetzt ihn sein Sohn,
Diesen wieder sein Enkel, und als nun endlich der letzte
Für die Spitze des Turms windet den schimmernden Kranz,
Siehe da kann er die Blumen auf dessen Grabe schon pflücken,*

Welcher den Grundstein einst, gläubig vertrauend, gelegt!
Aber nun stehst du auch da, ein Fels, von menschlichen Händen,
Und verkündest der Welt, wie man das Dauernde schafft!

Aber auch das Leben einiger Musiker ist eng mit dem Stephansdom verknüpft, so war zum Beispiel JOSEPH HAYDN ab 1740 Sängerknabe in St. Stephan, er verließ den Knabenchor erst nach seinem Stimmbruch 1748.

Doch das berühmteste Pfarrkind des Doms ist der in Salzburg geborene WOLFGANG AMADEUS MOZART, „Kapellmeister und wirklicher Kammerkompositeur", wie er in den Aufzeichnungen genannt wird. Am 4. August 1782 heiratet er in der Eligiuskapelle Konstanze Weber, beide legten folgende Eidesformel ab: *Ich schwöre einen Eyd zu Gott dem Allmächtigen, dass ich mit keiner anderen Persohn, als mit gegenwärtiger N.N. ehelich versprochen und verbunden seye, so wahr mir Gott helff und sein heiliges Evangelium.* Die Eheleute mussten dieses Versprechen am Vormittag abgeben, *wann die Persohn noch nüchtern ist.*

Bei der Eintragung der Hochzeits passierte dem Priester dann allerdings ein Fehler, denn es hieß *der wohledle Herr Wolfgang Adam Mozart ...* – der Gottesmann hat den Namen „Amadé" wahrscheinlich nicht gekannt.

Nach der Hochzeit schrieb Mozart seinem Vater in einem Brief: *Als wir zusammen verbunden wurden, fing sowohl meine Frau als ich an zu weinen; davon wurden Alle, sogar der Priester gerührt, und Alle weinten, da sie Zeugen unserer gerührten Herzen waren.* Mozarts Leiche wurde am 6. Dezember 1791 in der Kruzifixkapelle eingesegnet, wo sich eine marmorne Gedenktafel mit dem Hinweis auf dieses Ereignis befindet. Die Witwe konnte auf diese Weise Geld sparen, da die Zeremonie direkt im Dom wesentlich teurer gewesen wäre.

In der Eintragung im Bahrleihbuch der Dompfarre St. Stephan findet sich folgender Hinweis: *Mozart, 3te Claß, Pfarr St. Steph(an), Den 6ten Hbris, Der ptitl Herr Wolfgang Amadeus Mozart, k.k. Kapellmeister und Kammer Compositeur, in der Rauhensteingasse im kleinen Kaiserhaus Nro. 920, an hitzigen Frieselfieber, beschaut, alt 36 Jahr, Im Freydhof a St. Marx.* Die Bestattung des Künstlers fand jedoch nicht, wie oft behauptet wird, in einem Armengrab statt. Mozart erhielt ein Begräb-

Ihr Leben ist mit dem Dom verknüpft: Joseph Haydn (links) sang im Knabenchor von St. Stephan; Wolfgang Amadeus Mozart heiratete 1782 in der Eligiuskapelle Konstanze Weber.

nis dritter Klasse, das gemäß den josephinischen Vorschriften das allgemein Übliche war und als bürgerlich-gehoben galt. Erst vor wenigen Jahren fand sich im Archiv des Stephansdoms eine mysteriöse Aufzeichnung, die noch nicht gedeutet werden konnte. Es handelt sich dabei um eine Broschüre mit dem Titel „Mozarts Leben", verfasst 1794 als eine Art Nachruf von Friedrich Schlichtegroll, der sich im Wesentlichen auf Informationen von Mozarts Schwester Anna Maria, genannt „Nannerl", bezieht. Konstanze hatte offensichtlich versucht, die Verbreitung dieser Schrift zu verhindern und die Auflage aufzukaufen, weil ihr die Darstellung ihres Mannes in dieser Abhandlung als „ewiges Kind" verständlicherweise nicht gefiel. Bei der in St. Stephan enthaltenen Ausgabe gibt es zwei Auffälligkeiten: Einerseits sind einige Stellen im Text geschwärzt, zum anderen findet sich auf Seite zwei eine Widmung in französischer Sprache, die übersetzt lautet: *für Herrn Graf de Gourcy von der Witwe Mozart, Edition von ihr aufgekauft und aus dem Verkehr gezogen.* Es ist bisher nicht geklärt, ob es sich tatsächlich um Konstanzes Handschrift handelt und wie diese Ausgabe ins Domarchiv gelangt ist.

(Quelle: Der Stephansdom zur Zeit Mozarts – Geschichte und G'schichterln von Reinhard H. Gruber, Domarchivar)

Im Dom von St. Stephan kann jedermann den Bund fürs Leben schließen. Allerdings tun das die wenigsten, da „der schönste Tag im Leben" in einer kleinen Kirche dann doch irgendwie romantischer verlaufen mag als in dem riesigen Dom. Dennoch wird auch im Bereich der Dompfarre immer wieder der „Bund fürs Leben" geschlossen.

Zwei ganz besondere Hochzeiten fanden in den Jahren 1768 und 1930 statt: Am 6. Februar 1768 heiratete der afrikanische Kammerdiener **ANGELO SOLIMAN,** in Wien eine bekannte Erscheinung, im Stephansdom heimlich die „weiße" Witwe Magdalena Kellermann-Christiani, was zu seiner Entlassung aus den Diensten des Fürsten Wenzel von Liechtenstein führte. Solimans Haut wurde nach seinem Tod durch einen Schlaganfall im Jahr 1796 präpariert und als Kuriosität bis 1806 im Kaiserlichen Naturalienkabinett ausgestellt.

In den 1930ern sorgten die Eheleute Herr und Frau Blase, die im Dom ihre Silberhochzeit feierten, für großes Aufsehen. Die beiden Mitglieder der zweiten „Liliputanerstadt" im Prater begingen das Jubiläum mit all ihren kleinen Freunden und Kollegen und verursachten damit einen Menschenauflauf in und vor dem Dom. Eine andere „Zwergenhochzeit" hatte bereits 1622 stattgefunden.

Wagte es im Stephansdom eine weiße Frau zu heiraten: Angelo Soliman (links). Deutete den Stephansdom als „altgermanische Heilstätte": der „Ariosoph" Guido List (rechts).

Doch der Stephansdom inspirierte nicht nur zu jeder Zeit Künstler oder brachte die romantische Seite der Menschen zum Klingen – manche Besucher fanden hier auch Anstoß zu sehr merkwürdigen Gedanken. So erlebte im Jahr 1862 der österreichische Schriftsteller und „präfaschistische Esoteriker" **GUIDO LIST,** der als Begründer der rassistisch-okkultistischen „Ariosophie" gilt, als 14-Jähriger in den Katakomben des Doms seine erste „Schauung". List, der sich selbst gerne „Zauberer" nannte und von manchen seiner Zeitgenossen als „Aleister Crowley Wiens" bezeichnet wurde, wandte sich unter anderem aufgrund dieses Erlebnisses der schwarzen Magie und später dem Satanismus zu. Die „Erleuchtung" unter dem Dom ließ ihn erkennen, dass die Kirche auf „heidnischen" Fundamenten stehe und dass er die Aufgabe hätte, die „verschütteten Wurzeln der germanischen Kultur" freizulegen. Der junge List war nach diesem Erlebnis erschüttert vor einem zerstörten Altar in der Krypta auf die Knie gefallen und hatte geschworen, als Erwachsener für Wotan einen Tempel zu bauen.

Lists spätere Schriften, in denen er seine Lehre von der „arischen Herrenrasse" verbreitete, waren ab Beginn des 20. Jahrhunderts überall präsent. Er äußerte sich darin verächtlich über die „Herdenmenschen" und die Feinde der „Arier", worunter er die katholische Kirche, die Juden und die Freimaurer verstand. Das in seinen Büchern verbreitete Gedankengut hatte nicht zuletzt auch großen Einfluss auf NS-Größen wie **ADOLF HITLER** und Heinrich Himmler.

Hitler selbst hasste zwar die katholische Kirche (obwohl er gläubiger Katholik gewesen ist), in der er laut dem Kulturhistoriker und Schriftsteller Friedrich Heer keinen einzigen Gegenspieler fand, liebte aber den Stephansdom, den er auch mehrfach zeichnete. August Kubizek, der einzige Jugendfreund Hitlers, berichtete, dass Adolf sich an den weiten Innenräumen des Doms nicht sattsehen konnte und die Beleuchtung durch die farbigen Fenster „übernatürlich mystisch" fand – jene Fenster, die dann in dem von ihm angezettelten Krieg fast völlig zerstört wurden. Angeblich soll Hitler geplant haben, den Dom zu einer „Weihestätte" zu machen, doch der Kriegsverlauf hatte die Schaffung des Wallfahrtsorts für das „großdeutsche Volk" offensichtlich verhindert.

Den Beweis für Fanatismus innerhalb der katholische Kirche liefern die folgenden drei Paradebeispiele: Johannes Capistranus, Georg Scherer und Christian Graf Migazzi von Waal und Sonnenthurm.

An **JOHANNES CAPISTRANUS** erinnert heute noch die **CAPISTRAN-KANZEL,** die zwischen 1430 und 1450 gebaut wurde und ursprünglich am Friedhof zu St. Stephan, am „Stephansfreithof", stand. Erst 1738 wurde sie an ihren heutigen Ort, an die Außenseite des Doms hinter den Nordturm, gestellt. Johannes Capistranus, so genannt nach seinem Geburtsort Capistrano in der italienischen Provinz L'Aquila, war nicht nur ein berühmter Wanderprediger, sondern auch Heerführer, Inquisitor und Judenverfolger und einige seiner Reden in Österreich hielt er auf dem Friedhof vor dem Stephansdom. Er wurde 1690 von der katholischen Kirche durch Papst Alexander VIII. heiliggesprochen und wird als Wundertäter und Heilbringer bezeichnet. Auf ihn geht angeblich das „... in der Stunde unseres Todes. Amen" beim „Gegrüßet seist du Maria" in Österreich zurück. Capistranus gilt außerdem auch als Schutzpatron der Rechtsanwälte.

Was „leistete" dieser Mann jedoch wirklich? Im Jahr 1447 wurde Capistranus von Papst Nikolaus V. zum Inquisitor für die Juden in Sizilien, Moldawien und Polen ernannt. Er verfolgte im Namen der Kirche in Ferrara die letzten Fraticelli, also „Ketzer", die „kommunistische" Prinzipien vertraten (bekannt auch aus Umberto Ecos Roman *Der Name der Rose*), sowie die Hussiten und Juden im Heiligen Römischen Reich, vor allem in Böhmen, Mähren und Ungarn.

Am 2. Mai 1453 ließ Capistranus 318 Juden in Breslau und Umgebung nach einer Anschuldigung wegen Hostienschändung durch einen Bauern aus Langewiese in Polen gefangen nehmen und erpresste mit Folter ihre „Geständnisse". Einige angeklagte Juden, so der Vorwurf, hätten sich geweihte Hostien angeeignet und diese mit Stöcken ausgepeitscht. Capistranus hielt öffentlich eine zwei Stunden lang dauernde lateinische Predigt gegen die Juden, welche danach ein anderer Mönch vor dem versammelten Volk in der Landessprache vortrug und damit das Signal zum Verfolgen und Ermorden der „Verbrecher" gab. 41 Juden ließ der Inquisitor am Scheiterhaufen ver-

Hetzte auch in Wien gegen „Ketzer", Juden und Türken: Predigt des Johannes Capistranus. Tafelmalerei, um 1470/80. Historisches Museum Bamberg.

brennen, die übrigen wurden aus der Stadt gewiesen, ihr Vermögen einbehalten.

Johannes Capistranus hielt 1451 auch 32 Predigten in Wien, unter anderem wetterte er dabei gegen den Luxus und das Laster, und seine Anhänger strömten in Massen zu seinen oft stundenlangen Ausführungen. Capistranus gründete im selben Jahr franziskanische Reformklöster in Mariahilf, Klosterneuburg, St. Pölten, Enzersdorf und Langenlois. 1453, nach dem Fall von Byzanz, rief Capistranus in Wien zur Abwehr der Türken auf. Er versammelte in Österreich und Ungarn Truppen um sich, denen es 1456 gelang, die Belagerung des heutigen Belgrad aufzuheben und die Türken kurzfristig zurückzudrängen.

Über die Predigten des „Heiligen" wird Folgendes berichtet:

Wenn Capistranus auf seiner Kanzel in Wien gegen die Sündhaftigkeit der Welt und ihre Freuden, gegen Putz und Spiel, gegen Schimpf und Scher eiferte, haben alle aus dem Volk, so sagt man, seine lateinischen Worte ebenso verstanden, als hätte er deutsch gesprochen. Männer, Frauen, Knaben und Mädchen strömten alle hinzu, und die Männer brachten ihre Schachbretter und Spielkarten, die Frauen Schmuck und Zierkleider, und legten sie vor der Kanzel nieder. Die jungen Frauen schnitten ihre langen Zöpfe ab, die Capistranus auch als sündhaft verdammte. Und wenn ein großer Haufen von Schmuck und Zierrat, Spiele und Tand beisammen war, da ließ der Heilige es mit Feuer anstoßen und brannte den ganzen Haufen zu Asche. Viele der Zuhörer beichteten ihr Sünden, taten zerknirscht Buße. Bei anderer Gelegenheit griffen sie zum Schwerte gegen den Erbfeind der Christenheit und folgten dem heiligen Manne, der voranzog, die Scharen gegen Mohammed zu Kampf und Sieg zu führen.

Dass man allerdings auch über die Gnadenlosigkeit des Predigers Bescheid wusste, zeigt folgende Legende:

Unter der großen Schar, die zum Kloster St. Theobald ob der Laimgrube (erstes Kloster im mittelalterlichen Wien, das 1529 zerstört wurde) *drängte um die Predigt des Capistranus zu hören, waren auch viele Bettler. Der Heilige sprach zur Menge von der Liebe Christi, die alles verzeiht, er streckte seine Hand aus und segnete alle Menschen, die gekommen waren, um ihm zuzuhören.*

Nach der Veranstaltung gingen die Leute in ihre ärmlichen Unterkünfte zurück, während sich einige junge Bettler mit ihren Gespielinnen in ihre Lieblingsschenke auf der Bettlerstiege (die 50 Stufen umfassende Bettlerstiege, deren oberer Ausgang bereits im 14. Jahrhundert als „Bettelpühel" erwähnt wurde, befindet sich dort, wo die Königsklostergasse die Gumpendorfer Straße mit der Mariahilfer Straße verbindet) *begaben. Recht übermütig war die Stimmung, und bald fiel es dem frechsten unter den jungen Männern ein, Spottlieder auf Capistranus zu singen. Einige launige Verse waren bereits erklungen, als plötzlich ein starkes Gewitter über die Stadt hereinbrach, während die übermütigen Bettlergenossen in der Schenke weiter zechten und tollten. Da schlug ein Blitz in die Gaststätte ein, woraufhin alle Bettler schreiend zu Boden sanken. Doch nachdem sie sich erholt hatten, sahen sie nach dem frechen Sänger: Er saß aufrecht in seinem Stuhl und blickte mit weitaufgerissenen Augen und unstetem Blick in die Runde. Und bald war gewiss, der junge Mann würde nie wieder spöttische Lieder singen, eine Predigt hören oder eine hübsche Frau sehen: Er war ab dem Moment stumm, taub und blind.*

Ein anderer Fanatiker, **GEORG SCHERER** (1540–1605), Jesuit und Gegenreformator aus Schwaz in Tirol, hielt 1583 vor dem Stephansdom eine Hetzpredigt gegen „Hexen". Insbesondere wetterte der „jesuitische Fundamentalist" (Werner Drobesch) gegen Elisabeth, genannt Elsa, Plainacher, die angeblich ihre an Epilepsie leidende Enkelin Anna verhext hatte und sie mit dem Teufel verheiraten wollte. Das aufgestachelte Volk verlangte daraufhin, dass die Frau gefoltert werden sollte, um ein Geständnis zu erzwingen. Die hilflose 70-jährige Frau wurde in den Keller des Malefizspitzbubenhauses in der Rauhensteingasse gebracht und fürchterlich gequält, bis sie „gestand". Am 27. September 1583 banden die Schergen Elsa gefesselt an den Schwanz eines Pferdes, das die alte Frau zur Richtstätte *Gänsweyd,* wo heute die Kegelgasse in die Weißgerberlände mündet und die Stadt früher ihre Gerbereien hatte, zog. Dort wurde Elsa bei vollem Bewusstsein auf dem Scheiterhaufen verbrannt und ihre Asche in die Donau gestreut. So führte Scherers Predigttätigkeit zum Tod von Elisabeth Plainacher, dem einzigen bekannten Opfer der Hexenverfolgung in Wien.

Wurde für sein Verhalten in der „Anschluss"-Frage von Pius XI. nach Rom zitiert: Kardinal Theodor Innitzer in der „Cappa Magna", 1933.

Bezeichnend die Art, in der Georg Scherer zu Tode kam: 1605 traf ihn auf der Kanzel der Linzer Kirche der Schlag, während er eine Hetzpredigt gegen Hexen hielt.

CHRISTIAN GRAF MIGAZZI von Waal und Sonnenthurm, Kardinal und Erzbischof von Wien Ende des 18. Jahrhunderts, sprach sich öffentlich lauthals für die Todesstrafe und die Anwendung der Folter, damals Tortur genannt, aus. Er war ein erbitterter Gegner des Beraters von Kaiserin Maria Theresia, Josef von Sonnenfels, auf dessen Anregung hin seinerzeit die Abschaffung der Folter verfügt wurde, und wetterte gegen die Reformen von Joseph II. An Migazzi erinnert ein Marmorbildnis im Apostel-chor des Stephansdoms.

Doch die Kirche geriet noch öfter ins Zwielicht: Im März 1938, wenige Tage vor dem „Anschluss" Österreichs an das Deutsche Reich, hatte KARDINAL THEODOR INNITZER Kanzler Kurt Schusch-nigg noch volle Unterstützung der Kirche für die geplante Volksabstimmung über Österreichs Unabhängigkeit zugesagt. Aber auf Anraten einiger Bischöfe stimmte er dann für den „An-schluss" und fügte einem Brief eigenhändig „Heil Hitler" hinzu, wofür er nach Rom zitiert und von Papst Pius XI. schärfstens gerügt wurde. Daraufhin gestand er im September 1938 beim Rosenkranzfest, zu dem die katholische Jugend Wiens geladen war, seinen Irrtum ein und verkündete vor rund 7.000 jungen Menschen: *Einer ist euer Führer, euer Führer ist Christus, wenn ihr ihm die Treue haltet, werdet ihr niemals verloren gehen!*

Auf diese Aktion hin stürmten jugendliche Nazis am 8. Oktober zuerst das erzbischöfliche Palais und danach das Curhaus, wo sie den Domkuraten Johannes Krawarik aus dem Fenster warfen; der Geistliche brach sich beide Beine. An diesen Vorfall erinnert eine Tafel, die im Hof des Curhauses neben den Müll-containern angebracht ist. Dem nationalsozialistischen Polizei-präsidenten Otto Steinhäusl wurde damals vorgeworfen, während der Demonstration untätig im Kaffeehaus gesessen und auf die Uhr geschaut zu haben, wann die mit der Parteileitung verein-barte Zeitspanne für die inszenierten Ausschreitungen ablief.

Doch Innitzer war nicht der Einzige, der sich dem Nationalso-zialismus zugetan zeigte: Der österreichische Bischof Alois Hudal, der später das Passbüro des Vatikans leitete, schrieb in seinem Lebensrückblick: *Alle diese Erfahrungen haben mich schließlich veranlasst, noch 1945 meine ganze karitative Arbeit in erster Linie den früheren Angehörigen des NS und Faschismus, besonders den sogenannten ‚Kriegsverbrechern' zu weihen, die von Kommunisten und ‚christlichen' Demokraten verfolgt wurden.*

Unter anderen verhalf Hudal Heinrich Müller, dem Chef der Gestapo, der mit einem gefälschten Pass zu ihm kam, zur Flucht. Der falsche Name von Müller, der sich als Mönch verkleidet hatte, lautete Jan Belinski, wohnhaft in Polen. Ebenso erhielt Franz Stangl, Kommandant der Vernichtungslager Sobibor und Treblinka, von Hudal einen falschen Pass des Vatikans, mit dem er nach Brasilien emigrierte.

Ein weiterer „echter Katholik", der Dichter Max Stebich, nach dem „Anschluss" für einige Zeit Geschäftsführer der Landesleitung Österreich der Reichsschrifttumskammer, schrieb ein Festspiel, das im Stephansdom für die katholische Jungend aufgeführt wurde. Darin rief er zum „Heiligen Kampf" gegen die Feinde der Katholiken auf und sprach von „Schlachten der Väter" und einem „opferfreudigen Geschlecht".

An der Westseite des Stephansdom ist rechts neben dem Riesentor das Symbol „05" in die Wand eingeritzt. Es handelt sich dabei um das Zeichen einer Gruppe von Menschen, die von 1942 bis 1945 Widerstand gegen den Nationalsozialismus leistete. Der Buchstabe O + 5 (5 steht für den fünften Buchstaben des Alphabets) bedeutet OE für Österreich, das bis zum Kriegsende „Ostmark" hieß. Früher war das Zeichen in weißer Farbe aufgemalt, später wurde es durch eine Eingravierung ersetzt und mit einer Glasscheibe geschützt.

Die Widerstandsbewegung setzte sich vorwiegend aus Söhnen großbürgerlicher Familien und Mitgliedern des ehemaligen Hochadels zusammen. Dazu gehörten beispielsweise Fritz Molden, Willi Thurn und Taxis oder der spätere Bundespräsident Adolf Schärf.

In der Nähe des Zeichens „O5" befindet sich, kaum mehr sichtbar, am linken Pfeiler des mittleren Riesentorbogens ein Kontrollzeichen, das die russische Armee dort als Hinweis dafür, dass sie das Gebäude frei von deutschen Soldaten vorgefunden hatte, mit einer Schablone aufmalte.

Besonders beliebt ist und war das Wahrzeichen von Wien jedoch bei Besuchern der Stadt. So zeigte sich auch der türkische

Weltenbummler **EVLIYA ÇELEBI** im Jahr 1665 sehr begeistert vom Steffl. In seinem berühmten Reisebuch *(Seyahatnâme)* schildert er den Stephansdom in den höchsten Tönen.

Der osmanische Reiseschriftsteller war dafür bekannt, seine Berichte mit Fremderlebnissen auszuschmücken, und so galt sein Aufenthalt in Wien unter den Historikern lange Zeit als umstritten. Allerdings wurde 1975 eine Spesenabrechnung im kaiserlichen Hofkammerarchiv gefunden, in der „Evliya Efendi" tatsächlich aufscheint. Çelebi dürfte 1665 als Begleiter im Tross des Osmanischen Großbotschafters Kara Mehmed Pascha, der später als Truppenführer unter Kara Mustafa an der Zweiten Türkenbelagerung teilnahm, nach Wien gekommen sein.

Çelebi merkte an:

Durch Gottes Fügung sind aber die Brüste der Frauenzimmer in diesem Land nicht – wie die Zitzen der Weiber in der Türkei – so groß wie Wasserschläuche, sondern klein wie Apfelsinen. Trotzdem stillen sie aber zum größten Teil ihre Kinder mit ihrer eigenen Milch.

Er kritisiert im „Giaurenreich", also im Reich der Christen, allerdings:

Eine ganz seltsame Sache ist das. In diesem Land und überhaupt im ganzen Giaurenreiche führen die Weiber das große Wort und man ehrt sie und achtet sie um der Mutter Maria willen.

Über den Stephansdom schreibt er Folgendes:

In Wien gibt es im ganzen sechsundsechzig Kirchen mit ihren Patriarchen und Metropoliten, diesen schmutzigen und widerspenstigen Priestern der Christen. Sämtliche dieser sechsundsechzig Kirchen sind von verschiedenen irrgläubigen Königen gestiftet, Häuser des Unheils und Stätten des Aberglaubens. Außer diesen findet man innerhalb und außerhalb der Stadt noch dreihundert kleinere Kirchen. Alle zusammen werden sie aber in den Schatten gestellt von dem sogenannten Stephansdom, der genau in der Mitte der Stadt steht. Niemals ist in der Türkei, in Arabien oder Persien, im übrigen Giaurenreiche oder sonst wo in den sieben Zonen unserer Erde ein derartig riesenhafter Bau und ein solch altehrwürdiges Kunstwerk errichtet worden und wird auch niemals mehr errichtet werden. Alle Reisenden der Länder und Meere meinen, dass diese Kirche in der ganzen bewohnten Welt ihres gleichen nicht hat. Und das stimmt wahrhaftig …

20 Seiten lang war Çelebi voll des Lobes für den Stepahnsdom, und am Ende des Abschnittes bricht dann auch noch sein Patriotismus durch:

In seinem untersten Geschoß ist dieser Glockenturm so dick wie der Galataturm zu Stambul; indessen ist er viereckig und aus schwarzem Stein erbaut. Auf diesem Fundament steht ein schmäleres Stockwerk, auf diesem wieder ein schmäleres, und so geht es weiter bis hinauf zur höchsten Spitze, im ganzen siebzehn Geschosse, das nächste jeweils schlanker als das vorige, und das allerschmalste ist das letzte, auf dem jene Goldapfelkugel aufgepflanzt ist. Von dieser höchsten Spitze aus kann man gegen Osten hin in einer Entfernung von drei Tagreisen noch die Festungen Preßburg und Bruck erkennen, im Norden ist die Ebene bei Neuhäusel sichtbar und im Westen sogar noch das Prager Gebirge. Eine derartige Höhe hat dieser prachtvolle Glockenturm. Möge Allah der Allerhabene gewähren, dass er dereinst zu einem Minarett umgewandelt wird und dass von ihm dereinst der muhammedanische Gebetsruf erschallt — Amen!

Der osmanische Reisende war bei diesen Worten wohl von den Heidentürmen auf der Westseite inspiriert worden, die selbst von den Wienern aufgrund der mit Maßwerkbrüstungen und Fialtürmchen ausgestatteten Umgänge unter den Turmspitzen traditionell als „Minarette" bezeichnet werden. Und natürlich vermittelte ihm auch der Halbmond auf dem sechsstrahligen Stern, um den er sich drehen ließ, auf der Spitze des Südturms das Gefühl von Heimat. Halbmond und Stern waren ja zu Beginn des 16. Jahrhunderts durch Sultan Selim I. zum Staatssymbol des Osmanischen Reiches erklärt worden. Die Legende, dass Sultan Süleyman I., „der Prächtige", am Ende der Ersten Wiener Türkenbelagerung am 14. Oktober 1529 nur unter der Bedingung abgezogen war, dass der Halbmond auf die Turmspitze gesetzt würde, widerspricht der Tatsache, dass dieser bereits seit 1519 auf dem Steffl prangte. Die ursprüngliche Bedeutung des Turmaufsatzes ist bis heute ungeklärt.

Aber nicht nur die Osmanen, auch ein Däne war angetan vom Wiener Wahrzeichen: der Märchendichter HANS CHRISTIAN ANDERSEN besuchte die Hauptstadt auf sechs von unzähligen Auslandsreisen zwischen 1834 und 1872.

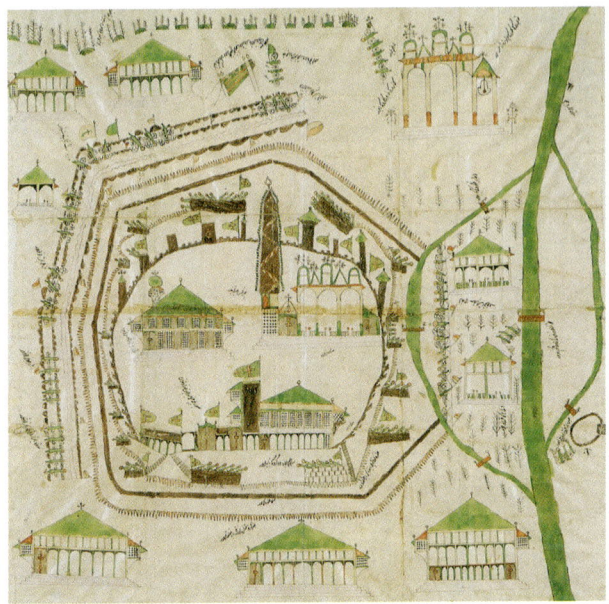

Wurde 1688 von kaiserlichen Truppen bei der Eroberung Belgrads erbeutet: türkische Planzeichnung zur Belagerung Wiens 1683. St. Stephan ist als hoher Turm mit Halbmond erkennbar.

Nach einem Besuch des Stifts in Melk am 8. Juni 1834 und einer Übernachtung in St. Pölten *rollten wir auf Wien zu. Das erste, was wir von der Stadt sahen, war der Stephansturm.*

Obwohl Andersen müde und erschöpft war, begab er sich, nachdem er ein Quartier gefunden hatte, sofort auf einen Spaziergang, der auch einen Besuch im Stephansdom miteinschloss. Er bezeichnete das Wahrzeichen der Stadt als *kunstvoll gespitzten Kirschkern*, die Wiener nannte der Schriftsteller *Leute im Frack und mit Kartoffelgesichtern.*

Am 17. Juni schrieb Andersen in einem Brief nach Hause: *Ich gehe nun jeden Abend ins Theater und bin darüber sehr erfreut.* Der Schriftsteller verbrachte während der 28 Tage seines ersten Wien-Aufenthaltes insgesamt 21 Abende im Theater oder in der Oper, davon 15 Abende im Burgtheater.

Im Zuge von Andersens weiteren Aufenthalten in Wien besuchte er unter anderem immer wieder *seinen Kirschkern* und erfreute sich an dessen *prunkvollem Machwerk.*

BOTSCHAFTEN AN GLEICHGESINNTE UND ZEICHEN DER MACHT

GEHEIMNISVOLLE SYMBOLE UND RÄTSEL

Eine im Jahr 1993 durchgeführte Integral-Umfrage „Symbole für Österreich" ergab 47 % an Nennungen für den Stephansdom, das ist der höchste Wert unter den in allen Bundesländern genannten Symbolen.

Geostet, also nach Osten ausgerichtet, ist St. Stephan auf den Sonnenaufgang, das Symbol der Auferstehung, des 26. Dezember 1137. Es ist dies der Gedenktag des Heiligen Stephan im Jahr des Baubeginnes.

Besonders auffallend beim Dom ist die ZAHLENSYMBOLIK. Seinen Maßen liegen die Drei und die Vier zugrunde: Nach alten Angaben ist der Dom 333 Fuß (= 107,2 Meter) lang – heute nachgemessen stimmt die Länge allerdings nicht, sie beträgt mindestens 348 Fuß –, der Südturm 444 Fuß (= 136,4 Meter) hoch. Setzt man nun hinter die Drei eine Sieben, also 37, erhält man bei einer Multiplikation mit wiederum der Drei die Breite des Steffls, nämlich 111 Fuß (34,2 Meter). Übrigens ist der Stephansdom fast genauso hoch wie die Cheopspyramide mit etwa 138,8 Metern, auch wenn diese ursprünglich, vor der witterungsbedingten Erosion, geschätzte 280 Königsellen (= 146,7) Meter Höhe maß.

Das Treppengeländer zur Kanzel des Doms setzt sich aus stilisierten Rädern zusammen, einem „DREIPASS" und einem „VIERPASS". Die Anzahl der Stufen auf der Treppe zur Türmerstube beträgt 343 (7 x 7 x 7). Im Langhaus schmücken insgesamt 77 Figuren und Figurengruppen, von Bürgern gestiftet, den Weg zum Hochaltar. 12 (= 3 x 4) Türmchen schließen den Unterbau des Südturmes ab, dessen Fundament 4 Meter tief ist und aus dessen Mitte sich die Turmspitze mit Christus und den 12 Aposteln erhebt.

Die Fenster im Langhaus bestehen aus je vier, die Chorfenster im Priesterbereich aus je drei Teilen. Rund um die Domkanzel findet man die vier Heiligen Ambrosius, Hieronymus, Gregor und Augustinus. Ihre Züge bilden die vier griechischen Temperamente Choleriker, Sanguiniker, Melancholiker und Phlegmatiker ab, außerdem symbolisieren sie die vier Lebensalter.

Diese Zahlenmuster weisen auf die geheime Symbolik der Steinmetzbruderschaft hin, die im Mittelalter bei der Errichtung von Kathedralen stets von großer Bedeutung war. Später wurden viele von den Symbolen der Brüder von den Freimaurern übernommen.

Die Drei beispielsweise kommt im Dreieck mit dem magischen Auge, das als Erkennungszeichen der Wissenden unter den Freimaurern gilt und das heilige konstruktive Prinzip repräsentiert, vor. Auch die Rituale der Freimaurerlogen sind grundlegend durch die Dreiheit bestimmt. Diese Zahl dominiert auch einige der Gebäude, in welchen sich die Freimaurer aufhalten, die Treffen der Wiener Mitglieder zum Beispiel finden in einem Haus in der Rauhensteingasse 3 statt, welches 1984 gekauft wurde. Das Tor zieren drei Türknäufe und drei Glocken.

Die Zahl Vier ist ein wichtiger Bestandteil beim Aufnahmeritual eines „Lehrlings" in den Männerbund, sie verkörpert die materielle Welt, aus welcher der Suchende kommt. Die Grundlegung jeder Freimaurerloge erfolgt in Form eines rechtwinkligen länglichen Vierecks von „Osten nach Westen, zwischen Süden und Norden, vom Zenit zum Nadir", wodurch die Universalität des Bundes symbolisiert werden soll.

Die Zwölf ist somit die Zahl der Vollendung, denn sie verbindet die irdische Zahl Vier mit der heiligen Drei.

Ebenso ist die 111 (Breite des Steffls in Fuß) gebräuchlich, die vom Siegel Satans, einem Würfel, abzuleiten ist, bei dem jede der sechs Diagonalen den Zahlenwert 111 aufweist, was wiederum 666, die Zahl Satans, ergibt. Heilig ist bei den Freimaurern neben der Drei auch die Sieben, eine Zahl, die sich ebenfalls oft im Dom wiederfindet.

Verbindungen von Freimaurer-Vorläufern zum Dom gibt es ja zur Genüge – die „echten" formierten sich in Österreich bekanntlich ja erst Mitte des 18. Jahrhunderts –, beispielsweise das Selbstbildnis von Meister Anton Pilgram am Fuß des Orgelchors von 1513 mit Winkelmaß und Zirkel. Beide Gegenstände übereinandergelegt, wie ein A und ein V, ergeben ein gängiges Freimaurersymbol. Pilgram war von 1511 bis 1515 Leiter der Bauhütte von St. Stephan.

Auch vom Humanisten und Dichter CONRAD CELTIS, der 1497 von Kaiser Maximilian I. als Professor der Beredsamkeit und Dichtkunst an die Wiener Universität berufen wurde, wird eine Zugehörigkeit zur Bruderschaft angenommen. Auf seinem etwa 1508 hergestellten Sterbebild – dabei handelt es sich um ein Ge-

Am Fuß des Orgelchors: Winkelmaß und Zirkel zusammen ergeben ein gängiges Freimaurersymbol.

denkblatt, das zur Erinnerung für Freunde geschaffen wird –, ist ein „mystisches Monogramm", in dem die Großbuchstaben A und V übereinandergeschrieben (der sogenannte „Winkelhaken") vorkommen, zu finden. Seine Zugehörigkeit zu den Vor-Freimaurern ist daher sehr wahrscheinlich, wie der deutsche Archivar und Freimaurer-Historiker Ludwig Keller 1911 in seinem Werk *Die geistigen Grundlagen der Freimaurerei und das öffentliche Leben* angibt. Er behauptet, der Gebrauch von Winkelhaken zeigt, dass jemand ein „ordentliches Mitglied" der Bruderschaft sei, und drücke damit in Geheimschrift das Wort „Loge" aus. Dasselbe gilt für die Handwerksutensilien Winkelmaß und Zirkel, wenn sie als A und V übereinandergelegt dargestellt sind.

Allerdings gilt das V auch als Symbol der Alchemie, denn es ist der Anfangsbuchstabe des hermetischen Geheimwortes „Vitriol" ebenso wie der des Namens der alchemistischen Humanistengesellschaft „Voarchodumia".

Der Epitaph für Conrad Celtis von Hans Burgkmair dem Älteren. Die Zugehörigkeit des großen Humanisten zu einer Vorläufer-Bruderschaft der Freimaurer ist wahrscheinlich.

Celtis wurde in St. Stephan beigesetzt, ursprünglich an der Ostseite des Nordturms, wo heute eine Kopie des Grabsteins steht. Der Originalstein ist im Inneren des Doms in die Westwand eingelassen, die Inschrift lautet: *Gott dem besten und größten geweiht. Für Conrad Celtis Protucius, den Dichter aus Ostfranken, aufgrund seines Testamentes pflichtschuldig errichtet. ICH LEBE in der Lorbeerkrone weiter. Er starb im Jahre Christi 1508 am 4. Februar. Er lebte 49 Jahre und 3 Tage.*

Auch Mozart wird eine Zugehörigkeit zur Bruderschaft nach-
gesagt, zu seiner Zeit waren es bereits die Freimaurer. Seine
Oper *Die Zauberflöte* zum Beispiel gilt als eine Verherrlichung
der Ideale des Freimaurerbundes, sie wurde vermutlich in der
Wohnung geschaffen, die gegenüber dem heutigen Treffpunkt
des Männerbundes liegt, nämlich in der Rauhensteingasse
Nummer 8, im ehemaligen „Kleinen Kaiserhaus", in dem der
Musiker auch verstarb. Mittlerweile steht dort das Kaufhaus
„Steffl" (Eingang: Kärntner Straße 19), in dem sich im fünften
Stock ein Mozart-Gedenkraum befindet.

Neben dem „Kleinen Kaiserhaus", in der Rauhensteingasse
Nummer 10, war 1422 das Untersuchungsgefängnis von Wien
mit einer Henkerswohnung untergebracht. Scharfrichter wohnten normalerweise nie direkt in den Städten, außer eben im
morbiden Wien, und waren reiche, angesehene Männer, welche
die Bevölkerung unter anderem mit Heilsalben aus Menschen-
schweiß und -fett versorgten.

Mozarts *Zauberflöte* liegt eine komplexe Zahlensymbolik zugrunde. Beschränkt man sich etwa auf die Drei als Schlüsselzahl,
sowohl der Musik als auch des Textes, wird man relativ rasch
fündig: So stehen drei Damen im Dienste der Königin der
Nacht, und dreimaliger Donner und der Ruf „Sie kommt – sie
kommt – sie kommt!" künden ihr Nahen an. Dreimal tritt die
Königin der Nacht in Erscheinung, am Anfang der Handlung,
in der Mitte und am Schluss. Auch ihre drei Damen greifen
dreimal in die Handlung ein. Das Trio der Prüflinge Tamino,
Pamina und Papageno wird begleitet von den drei Genien oder
Knaben. Sarastro wirkt dreimal als Hohepriester des Weisheits-
bundes im Kreise der achtzehn (= 3 x 2 x 3) Eingeweihten. Ent-
sprechend der Dreizahl haben die Fremdlinge auch drei
Prüfungen zu bestehen. Ferner zeigt die Bühne am Ende des
ersten Aktes drei Tempel, deren Pforten mit „Vernunft", „Weisheit" und „Natur" überschrieben sind. Dreimal versucht Tamino vergebens, durch Anklopfen zu diesen Tempeln zu
gelangen. In Sarastros Reich herrschen Klugheit, Arbeit und
Künste, seine Priester fordern dreierlei von Tamino: „Sei stand-
haft, duldsam und verschwiegen." Durch drei Posaunenstöße
geben die Geweihten ihre Zustimmung zu Sarastros Vorschlag
und Tamino zu den Prüfungen.

Interessanterweise sind es auch drei Musikinstrumente, welche die Handlung von Mozarts Oper mitbestimmen: Die Flöte, das Glöckchenspiel und Papagenos Faunenflötchen. Jedes dieser drei Instrumente wird dreimal gespielt.

In den letzten Worten der *Zauberflöte* werden drei Grundprinzipien der Schöpfung genannt: „Es siegte die *Stärke* und krönet zum Lohn die *Schönheit* und *Weisheit* mit ewiger Kron'"

Auch die österreichische Bundeshymne ist ein wenig freimaurerisch, zumindest was die Melodie betrifft. Es handelt sich dabei um einen Anhang einer Freimaurerkantate, verfasst wahrscheinlich von Mozart.

Ausgerechnet ein Freimaurergesang ... in diesem zutiefst katholischen und zugleich heidnischen Land. Zum Stephansdom ... passt nur das Requiem.
Zitat Gerhard Roth

Die christliche Deutung legt als Schlüsselzahl für die Erbauung des Stephansdoms die ZAHL 37 zugrunde – das X in der römischen Ziffer XXXVII (37) symbolisiert demnach das Kreuzzeichen, das dreifache X wiederum die Dreifaltigkeit. Die Sieben (3+4) gilt als perfekte Zahl: sieben Schöpfungstage, sieben Haupttugenden und -sünden, sieben Sakramente, sieben Leidensstationen Jesu und seine sieben letzten Sätze am Kreuz.

An dieser Stelle sei erwähnt, dass selbst das Kreuz nur ein Symbol darstellt, denn im hebräischen Original der Bibel ist nie von einem Kreuz die Rede, sondern von einem *stauros*, was aufrecht stehender Pfahl oder Stamm bedeutet. Da es zu Zeiten Jesu Sitte war, Menschen an einem Querbalken an Olivenbäumen aufzuhängen, wodurch die Form eines Kreuzes entstand, wird es vermutlich auch dem Heiland so ergangen sein. Erst im 4. Jahrhundert n. Chr. wurde wörtlich ein „Kreuz" erwähnt.

Zurück zur Zahl 37: Die Drei verweist auch direkt auf den Heiland: Er wurde im 12. (3 x 4) Monat geboren, er sprach mit 12 Jahren das erste Mal vor den Tempelpriestern, er begann seine Mission im Alter von 30, wurde in der dritten Stunde gekreuzigt und ist am dritten Tag auferstanden. Zum Zeitpunkt seines Todes war er 33 Jahre alt.

Die Drei symbolisiert außerdem die heilige Dreifaltigkeit, die Vier wiederum ist die Anzahl der Evangelisten, aber unter anderem auch der Jahreszeiten und Himmelsrichtungen. Doch am Stephansdom gibt es weit mehr Symbolträchtiges als nur die Zahlenspielereien der Baumeister und Innenraumausstatter.

Das Symbol der kirchlichen Machtposition als Botschaft ans ganze Land thronte natürlich stets an der höchsten Stelle des Doms, auf der Spitze des Südturms.

Seitdem am 10. Oktober 1433 der aus einer riesigen Kreuzrose herauswachsende Knauf, der „chnopff", auf die Spitze des Südturms gesetzt wurde, war er der Mittelpunkt der Stadt.

Er trug damals ein schlichtes Kreuz, das 1514 wegen schwerer Beschädigung abmontiert wurde.

Der **HALBMOND** und der sechsstrahlige **STERN** befanden sich in den Jahren 1519 bis 1686 auf der Südturmspitze. Was dieses Symbol genau zu bedeuten hatte, konnte, wie schon erwähnt, nie geklärt werden. Zum einen heißt es, es könnte die Vereinigung von weltlicher und geistlicher Macht (Kaiser und Papst) demonstriert haben, zum anderen, es hätte eventuell auf Marienverehrung hingewiesen. Aber auch die Darstellung von Sonne, Mond und Sternen ist möglich, was glaubhaft scheint, wenn man weiß, dass 1519 Karl V. zum Kaiser gewählt wurde, in dessen Weltreich „die Sonne niemals unterging".

Bereits im Jahre 1530 bitten die Wiener Bürger, das „heidnische" Zeichen zu entfernen, und Kaiser Leopold I. versprach diesem Wunsch zu entsprechen, wenn durch Gottes Beistand die Stadt über die Türken siegen würde. 1686, drei Jahre nach Ende der Zweiten Türkenbelagerung und nach einer Erinnerung an das Versprechen durch Bischof Emmerich Sinelli, ließ der Herrscher anstatt des Halbmondes und des Sterns ein sogenanntes **„SPANISCHES KREUZ"** auf dem Turm anbringen. Als der alte Turmschmuck abmontiert wurde, gravierte der Kupferstecher Johann Martin Lerch eine „Feigengeste", bei der bei geschlossener Hand der Daumen zwischen Zeige- und Mittelfinger geklemmt wird, in den Halbmond ein, dazu die Jahresangabe „A.° 1529." und den Satz *Haec Solymanne Memoria tua* („Dies Süleyman, zu deinem Gedächtnis"). Die Feigengeste ist eine obszöne Gebärde des Spotts und deutet den Sexualakt an. Sie hatte aber außerdem die Funktion, vor feindlich gesinnten Wesen und vor dem bösen Blick zu schützen. In einigen mittelalterlichen Bildern der Passion Christi wird dargestellt, dass

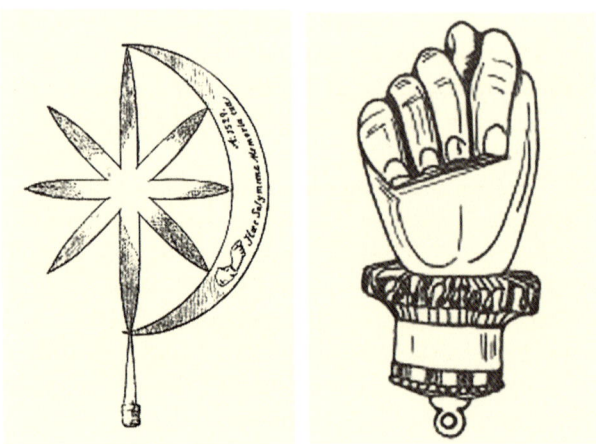

Der Halbmond mit dem Stern (links) befand sich von 1519 bis 1686 auf der Spitze des Südturms, rechts die von Johann Martin Lerch am Halbmond eingravierte obszöne „Feigengeste".

manch ein Beobachter des Leidensweges des Erlösers ihn durch das Zeigen der Feigengeste verhöhnte.

Der Halbmond befindet sich heute im Wien Museum.

Das „Spanische Kreuz" fiel exakt drei Monate später einem Sturm zum Opfer. Daraufhin wurde auf kaiserliches Geheiß ein aus einem Doppeladler, der auf einer Kugel saß und Zepter und Schwert in seinen Klauen hielt und auf dessen Herzschild die Initialen Kaiser Leopolds I. eingraviert waren, herauswachsendes **„DOPPELKREUZ"** als neue, kupferne Turmbekrönung angefertigt. Dieses Kreuz zierte ab 1687 den Südturm und symbolisierte die Macht der Habsburger. 1842 wurde nach Ausbesserungsarbeiten am Turm nach Plänen von Hofbaumeister Paul Sprenger ein neues Kreuz aus vergoldetem Kupfer, ähnlich dem alten, montiert. Es blieb dort bis 1860 und wurde 1864 nach erneuter Renovierung der Turmspitze unter Dombaumeister Friedrich Schmidt durch einen **DOPPELADLER** mit franzisko-josephinischem Kreuz zu Ehren Kaiser Franz Josephs I. ersetzt. Dieser Turmschmuck, Kugel, Adler und Kreuz, erhielt im Jahr 2008 eine neue Ummantelung aus etwa 6.000 Stück Blattgold, er trägt die Initialen des Kaisers sowie die Inschrift *Viribus unitis* („Gemeinsam sind wir stark!"), den Wahlspruch des Herrschers.

Doch auch die anderen drei Türme des Stephansdoms stehen nicht ohne Spitzenschmuck da: Auf dem Nordturm sitzt der Habsburgeradler, auf dem rechten Heidenturm steht die Silhouettendarstellung des Heilige Laurentius, auf dem linken die des Heilige Stephanus.

In der goldenen Kugel unter dem Kreuz auf dem Südturm vermischt sich die Symbolik der Macht mit jener der Vergänglichkeit oder aber auch mit der von Tradition und Stolz. Diese Kugel ist nämlich eine Art **ZEITKAPSEL:** Sie hat die Aufgabe, zeittypische Dokumente und Gegenstände mit symbolischem Charakter für die nächste Generation aufzubewahren. Bei der Öffnung am 27. Mai 2008 wurden folgende Dinge aus dem Jahr 1842 in gut erhaltenem Zustand gefunden: Werkzeuge, wie beispielsweise eine Mörtelpfanne, Bilder und gravierte Metalltafeln mit Porträts der Handwerker, wie zum Beispiel des Zimmermanns Josef Heller, ein Foto von Adler und Kreuz samt stolzen Arbeitern der Vergolderfirma Heinrich Anders, Metallplaketten mit Inschriften wie „Stephan Laska, Kupferschmidt, gebürtig von Ofen, 1843", eine Rechnung der Firma Franz Theyer aus der Kärntner Straße über eine Rolle Zeichenpapier, eine Rede des damaligen Erzbischofs Vinzenz Eduard Milde, ein Exemplar der *Wiener Zeitung* vom 27. Oktober 1842, das Gedicht „Der neue Adler auf dem Stephans-

Das kupferne Doppelkreuz mit den Initialen Kaiser Leopolds I.(links), rechts das franzisko-josephinische Kreuz mit dem Doppeladler.

turm 1842" und eine Urkunde Ferdinands I. vom 20. Oktober 1842. Aus dem Jahr 1864 stammen unter anderem eine Urkunde von Kaiser Franz Joseph I. in einem metallenen Rohr, in der er die Geschichte der Turmbekrönung festhält, mit Unterschriften bekannter Zeitgenossen, eine Kielfeder und ein Zettel mit den Worten „Beiliegende Feder ist zur Unterfertigung der Urkunde in der St. Stephanskirche benützt worden", Geldmünzen und -scheine, und wieder ein Exemplar der *Wiener Zeitung*, dieses Mal mit Datum vom 14. August 1864.

2008 wurden der „Zeitkapsel" einige der Originalfunde, außerdem Gegenstände der heutigen Zeit wie ein Personalstand der Erzdiözese Wien, eine von Kardinal Schönborn unterzeichnete Urkunde, ein Handy, Euromünzen und -scheine, eine CD vom Neujahrskonzert 2008, eine DVD vom Papstbesuch am 8. September 2007, ein Foto des jetzigen Restauratorenteam sowie Tageszeitungen, eine Kirchenzeitung und eine Europa- und Österreichfahne beigefügt. Einige der Gegenstände aus der früheren Zeit lagern heute im Tresor der Dombauhütte.

Einen weiteren interessanten Beitrag zur Symbolik im Stephansdom leistet die SEXUALSYMBOLIK. Betritt man den Stephansdom durch das Riesentor, so erblickt man links vom Eingang die Darstellung eines Phallus und rechts die einer Vulva. Somit könnte der Name der unweit entfernten Heidentürme nicht nur vom „heidnischen" Baumaterial der altrömischen Ruinen stammen, sondern ebenso gut von diesen nichtchristlichen Steingebilden.

Erklärbar wäre die Nachbildung eines männlichen und eines weiblichen Geschlechtsorgans mit der strengen Sitzordnung im 13. Jahrhundert, also in der Zeit der Errichtung der Darstellungen. Da der Dom durch das Riesentor nur von Adeligen und dem hohen Klerus betreten werden durfte, mussten die Frauen rechts durch den Seiteneingang gehen, die Männer links. Das „niedere Volk" konnte damals nicht lesen, es hätte also nichts gebracht, die Eingänge zu beschriften – die beiden Riesengeschlechtsteile waren wohl aber auch Hinweis genug. Erstaunlich ist allerdings, dass sich mit Blick zum Hochaltar, also Richtung Osten, das Schiff der Frauen auf der linken Seite befindet, das der Männer auf der rechten. Diese Verkehrung

Erinnert möglicherweise an einen vorchristlichen Fruchtbarkeitskult: Darstellung der Vulva rechts vom Riesentor.

könnte bedeuten, dass die Macht der „heidnischen" Symbole gebrochen werden sollte.

Es existiert auch die Annahme, dass es sich bei den übergroßen Geschlechtsorganen um Fruchtbarkeitssymbole aus der Keltenzeit handelt. Bei dieser These wird auf den Platz Bezug genommen, auf dem der Stephansdom heute steht. Die Kelten, so wird vermutet, waren dort mit Orakeln und kultischen Riten beschäftigt, wobei es neben Weissagungen auch um Fruchtbarkeit und die Anderswelt ging. Es wäre somit durchaus möglich, dass die Erbauer der Westfassade des Stephansdoms mit den Symbolen Phallus und Vulva auf die ehemalige Bedeutung des Orts zur Zeit der Kelten im 5. bis 1. Jahrhundert v. Chr. verweisen wollten.

Seitens der Kirche kommt heute folgende Bedeutungserklärung: An der Eingangsfassade wird das Hauptportal von einem Paar flankiert, es handelt sich dabei um Rudolf den Stifter und seine Gattin Katharina von Böhmen. Dies ist ein Zeichen für die Bipolarität der Welt, für den Aufbau des Ganzen aus dem Weiblichen und dem Männlichen. Die drastische Darstellung der riesigen, primären Geschlechtsmerkmale ist für alle jene gedacht, die diese feine Symbolik, die das Herrscherpaar transportieren sollte, nicht verstanden haben. Interessant ist dabei auch, dass Katharina und Rudolf richtig stehen, Katharina befindet sich links, Rudolf rechts, also passend zu linkem Frauenschiff und rechtem Männerschiff.

Für den derzeitigen Dompfarrer Toni Faber bedeuten die Geschlechtsorgane an der Westfassade allerdings lediglich, dass sowohl Frauen wie auch Männer im Dom willkommen sind.

Aber auch „fruchtbare" Deutungen hat die Kirche parat: Die von einem römischen Fruchtbarkeitsheiligtum herrührende Darstellung der Skulpturen soll symbolisch an den Anfang der Schöpfung, also an Adam und Eva erinnern. Übrigens werden auch die beiden Heidentürme als „weiblicher" und „männlicher" Turm bezeichnet.

Es besteht aber ebenso die Möglichkeit, dass die beiden Geschlechtsteile Dämonen vom Dom fernhalten sollten – Dämonen sind als Geistwesen geschlechtslos und (verab)scheuen daher sexuelle Darstellungen.

Ein wenn man so will „sexistischer" Akt wurde im Zuge der Restaurierung des Riesentors 1996/97 entdeckt. Dort kam nach der Entfernung eines „Vogel Greifs" ein römisches Relief in Form eines heidnischen Frauenkopfes zum Vorschein. Die sogenannte „FENSTERGUCKERIN" war offensichtlich Teil einer Grabstelle gewesen, und der Stein war in den Portalvorbau eingemauert worden. Der Vogel Greif ist ein männliches Symbol für Kraft, Schnelligkeit, Härte, Geschmeidigkeit und Klugheit, er wurde nur kurze Zeit nach der Verarbeitung des Grabsteins über dem Frauenkopf platziert.

Die religiöse Deutung sieht natürlich wieder anders aus: Die Überdeckung des Kopfes mit dem Greif als Symbol für den Gottmenschen Christi zeigt die Überwindung des „Heidentums" durch Jesus Christus, den Herrn und Richter der Welt.

Die Betonung des Männlichen ist allerdings immer auch ein Symbol für Macht. Die wurde bereits um 1551 demonstriert, als acht Hirschgeweihe als Zeichen für männliche Kraft und Dominanz auf die Spitzen des Stephansdoms gesetzt wurden. Einer Legende zufolge geschah dies allerdings, um Blitze abzuwehren, da damals der Glaube vorherrschte, dass Hirsche von solchen nicht getroffen werden.

Ein weiteres Symbol der Steinmetzbruderschaft, dieses Mal sind es keine Zahlen oder Winkelhaken, befindet sich ebenfalls am Riesentor. Das Giebelfeld zeigt Christus mit nacktem Knie in einem eiförmigen Heiligenschein (was von Experten als Fruchtbarkeitssymbol gedeutet wird), ein antikes Majestätsmotiv, zugleich ein geheimes Erkennungszeichen der Baumeister und Architekten der Hütten. Diese begrüßten sich, indem sie ihre ausgestreckten Zeigefinger auf den Puls des anderen legten und die linken Kniescheiben aneinander rieben – es war dies Zeichen eines ersten Kräfteaustauschs. Und da im Riesentor auch ein Baumeister und ein Geselle der Dombauhütte dargestellt sind, scheint diese Erklärung für Jesus mit dem entblößten Knie als ein Hinweis auf die Verbundenheit der katholischen Kirche mit den Freimaurer-Vorgängern recht wahrscheinlich. Im Aufnahmeritual eines Freimaurerlehrlings spielt das nackte Knie heute noch eine Rolle.

In den Katakomben scheint sich der Männerbund ebenfalls verewigt zu haben. An der Decke ist ein ausgestreckter Zeigefinger zu sehen. Allerdings könnte dieses Symbol auch schlicht und einfach eine Segnungsgeste darstellen.

Eines der größten Geheimnisse mit hohem Symbolcharakter ist die Vokalreihe AEIOU, das Markenzeichen Kaiser Friedrichs III., dem Bau und Vollendung des Stephansdoms sehr am Herzen lagen.

Die fünf Buchstaben gelten als habsburgischer Wahlspruch, Friedrich ließ ihn als Signatur an etlichen Gegenständen, wie zum Beispiel auf dem Tafelgeschirr, Münzen und an seinem Prunkwagen, und auch auf etlichen Bauwerken in ganz Österreich anbringen. Im Stephansdom trägt der Wiener Neustädter Altar die Buchstabenfolge, datiert mit 1447, und der Riesenknochen, der über dem Hauptportal des Doms hing, zeigt auf einer Seite ebenfalls die Inschrift AEIOU.

Bis heute ziert die berühmte Vokalreihe das Wappen und die Siegelringe der Absolventen der weltältesten Militärakademie in Wiener Neustadt, auf welcher der Wahlspruch unter dem Bildnis Maria Theresias angebracht wurde.

Für welchen lateinischen Spruch genau die Buchstaben eine Abkürzung darstellen, ist nicht geklärt. Eine Möglichkeit wäre *Austriae est imperare orbi universo*, also *Es ist Österreich bestimmt, die Welt zu beherrschen*, eine andere *Austria erit in orbe ultima*, was übersetzt heißen würde *Österreich wird ewig sein* (worauf am Ende der vierten Strophe der österreichischen Volkshymne von 1854, die bis zum Untergang des Kaiserreiches 1918 gesungen wurde, Bezug genommen wird: *Heil dem Kaiser, Heil dem Lande, Österreich wird ewig stehn!*).

Es gibt aber auch noch eine weitere Deutung, die allerdings ausschließlich im Zusammenhang mit der Stadt Linz steht.

Der westliche Zugang zum Linzer Schloss erfolgt durch das Friedrichstor. Es ist aus Granit-Bruchsteinen errichtet worden und besteht aus einem fast dreiviertelrunden niedrigen Torbau mit spitzbogiger Durchfahrt. Die darüber vorhandene Pechnase wird von einem Wappenrelief Friedrichs III., in dem sich die berühmte Buchstabenfolge befindet, überdeckt. AEIOU könnte in diesem Fall mit *arcem exstruxit in oriente versam* (das „v" wurde früher mit dem „u" gleichgesetzt), was *die gegen Osten gerichtete Burg* bedeutet, erklärt werden.

Unter Symbolforschern ist AEIOU jedoch weit mehr als ein Wahlspruch oder eine beliebig gewählte Kennzeichnung von Gegenständen oder Bauwerken – sie deuten die Vokalreihe als mystisches Monogramm des Herrschers, das bis heute nicht enträtselt werden konnte. Nachdem Kaiser Friedrich III. selbst auch Interesse an magisch-mystischen Bezügen hatte, könnte er hinter der Buchstabenfolge tatsächlich eine geheime Botschaft verborgen haben.

Auch der österreichische Historiker Alphons Lhotsky war Mitte des 20. Jahrhunderts der Meinung, dass AEIOU kein bewusst gewähltes Kürzel für den Großmachtanspruch der Habsburger gewesen sein kann, da der Schriftzug bei Friedrich bereits existierte, bevor er 1440 zum König gewählt wurde. Und der eigentliche Wahlspruch des Herrschers lautete: *Rerum irrecuperabilium felix oblivio*, also *Das Glück liegt im Vergessen*, nach anderen Quellen war Friedrichs Devise: *Hic regit, ille tuetur*, übersetzt heißt das: *Dieses, die Weisheit, regiert, jenes, das Schwert, schützt.*

Unzählige Male hat Friedrich jedoch das Motto AEIOU handschriftlich, in Kleinbuchstaben mit Schlingen, in Büchern und Schriften eingetragen, erstmalig nach seiner Rückkehr aus dem Heiligen Land, als er mit 22 Jahren 1437 ein persönliches Notizbuch anlegte. Die Vokalreihe wurde von dem Herrscher meist mit kunstvollen orientalischen Ornamenten versehen, wozu er möglicherweise bei seinem Aufenthalt im Morgenland inspiriert worden sein könnte, so Alphons Lhotsky.

Die Geheiminschrift Rudolfs IV. beim Bischofstor: Hic est sepultus de(i) gr(atia) dux Rudolfus fundator („Hier liegt Herzog Rudolf der Stifter begraben". Vorzeichnung zu Franz Tschischkas Stephansdom-Buch.

Die Autorin Henriette Peters wiederum geht in einem Artikel im *Wiener Diözesanblatt*, 34. Jahrgang, Nr. 2, unter anderem von Berechnungen nach dem Geburtsdatum von Friedrich III. am 21. September 1415 aus. Laut Peters könnte der Herrscher daraus durchaus ein verschlüsseltes Besitzeichen abgeleitet haben, eine These, die von Friedrichs Worten auf der ersten Seite seines Notizblockes untermauert wird:

Bei welchem Bau oder auf welchem Silbergeschirr oder Kirchengewand oder anderen Gegenständen der Strich und die fünf Buch-

staben stehen, das ist mein, Herzog Friedrichs des Jüngeren, gewesen oder hab das selbst bauen oder machen lassen.

Allerdings gibt es im Zusammenhang mit der Vokalreihe auch einen Hinweis auf einen gewissen DRACHENORDEN: König Siegmund, später Kaiser, von Ungarn gründete im Jahre 1408 die „Gesellschaft vom Drachen". Aus dieser Zeit existiert ein Textilstück, wahrscheinlich der Rest einer Robe aus dem Besitzt des Drachenordens, eventuell sogar von Siegmund selbst. In die Mitte des Stoffes ist nachträglich „a.e.i.o.u./1444" appliziert. Erwiesenermaßen trat der Vater von Friedrich III., Herzog Ernst „der Eiserne", 1409 dem Drachenorden bei, ob Friedrich selbst Mitglied dieser Gesellschaft war, ist allerdings nicht bekannt, wird aber angenommen. Der Stoff wurde 1831 aus der Sakristei der Georgskapelle in der Wiener Neustädter Burg, auf der man ebenfalls das Motto AEIOU fand, in die Wiener Schatzkammer übernommen und ist heute im Kunsthistorischen Museum ausgestellt.

Aber auch Friedrichs Vorbild, Rudolf IV., hinterließ einige Rätsel, wie zum Beispiel seine GEHEIMSCHRIFT, die er am Bischofstor versteckt anbrachte, um die Botschaft vor fremden Blicken zu schützen. Sie konnte allerdings entziffert werden und verweist auf *Rudolf, von berühmter Herkunft, der Gründer*, was ihm seinen Beinamen „der Stifter" eintrug.

Nicht endgültig enträtselt konnte jedoch werden, warum die Tür zur Bartholomäuskapelle zugemauert wurde – ob dies noch unter der Herrschaft von Rudolf passierte und er vielleicht selbst den Auftrag dazu gab, ist ungeklärt.

Nachdem Rudolf 1359 die Fälschung eines Dokuments in Auftrag gegeben hatte, in welchem ihm eine Abstammung von Personen aus dem alten Rom nachgewiesen und dadurch althergebrachte Vorrechte der Familie Habsburg und des Herzogtums Österreich eingeräumt wurden, ist anzunehmen, dass in der Geheimnische Insignien eines noch zu gründenden Reiches aufbewahrt werden sollten. Hinweise darauf liefern auch ein maurisches Symbol in der Bartholomäuskapelle und die Tatsache, dass sich der Herrscher mit einem Brokattuch aus Seide bestatten ließ, auf dem Lobessprüche auf den mongolischen Groß-Khan Abu-Said mit vergoldeten Silberfäden eingestickt sind. Das Grabtuch ist heute im Diözesanmuseum ausgestellt.

Über Rudolf den Stifter schreibt der Autor Stephan Vajda in seinem 1980 erschienenem Buch *Felix Austria,* der Herrscher sei ein „königlicher Komödiant, der hastig nach Sternen griff, die er selber auf einen über einer mythischen Welt im unwirklichen Licht strahlenden Himmel projizierte", gewesen. Die Urkundenfälschung von Rudolf IV. ging als *Privilegium maius,* als „großes Privileg", in die österreichische Geschichte ein. Der italienische Dichter Francesco Petrarca, der das Dokument auf Geheiß Karls IV. prüfte, schrieb in seinem Gutachten: „Wer dies gemacht hat, ist ein Erzschelm, wer daran glaubt, ein Esel." Friedrich III. hatte die Urkunde allerdings für echt erklären lassen und damit die Erhebung der Stephanskirche zum Bischofssitz erreicht.

Auch mit dem Symbol für ein Wunder kann der Stephansdom aufwarten, es handelt sich dabei um die ostkirchliche Ikone MARIA PÓCS, „die weinende Madonna", auf dem Altar im südwestlichen Eckbereich des Langhauses. Das Bild wurde 1676 in Ungarn, im heutigen Mariapócs, gemalt.

Stefan Papp kehrte im Jahr 1675 in sein Heimatdorf Mariapócs zurück und zog zu seinem älteren Bruder, dem Pfarrer der Gemeinde, Daniel Papp. Stefan war Maler und wurde von Ladislaus Csigri, einem 20-jährigen Bauernsohn, gebeten, ein Marienbild zu malen. Der junge Mann war als 8-jähriger Knabe in türkische Gefangenschaft geraten, konnte aber wie durch ein Wunder gerettet werden, und nun befahl ihm eine innere Stimme, ein Bild der heiligen Gottesmutter malen zu lassen. Papp übernahm den Auftrag für sechs ungarische Gulden. Die Eltern des jungen Csigri wollten den Kaufpreis für das fertige Gemälde jedoch nicht erstatten, da ihr Sohn die Bestellung ohne deren Wissen aufgegeben hatte. Daraufhin übernahm der wohlhabende Landwirt Laurenz Hurta aus Pócs die Bezahlung und schenkt das Bild der Kirche.

20 Jahre lang hing das Gemälde unbeachtet in der kleinen Pfarrkirche, bis plötzlich am 4. November 1696 Tränen aus den Augen der Maria flossen, was auch danach immer wieder geschah. Das Phänomen wurde von vielen Zeugen bestätigt, unter anderem auch von österreichischen Soldaten. Es entstand ein großer Zulauf zu dem Bildnis, dessen Tränen als heilend galten und aufgefangen wurden, nachdem ein sterbendes Kind,

Das Gnadenbild Maria Pócs (Pötsch). Der geheimnisvollen Kraft des Bildes wurde der Sieg Prinz Eugens über die Türken bei Zenta zugesprochen.

als es der Pfarrer zum dem Gemälde emporgehoben hatte, wieder gesund geworden war. Angeblich war der Winter jenes Jahres so kalt, *dass selbst der Wein in den Kelchen gefror, doch nicht die Tränen der Maria Pócs.* Laut den meteorologischen Aufzeichnungen gab es im Winter des Jahres 1696 aber lediglich eine „ganz normale Kälte", sodass ein Gefrieren jeglicher Flüssigkeit im Innenraum der Kirche sowieso unwahrscheinlich gewesen wäre. Jedenfalls wurden die Vorkommnisse sowohl von dem österreichischen Feldmarschallleutnant Graf Johann Andreas Corbelli wie auch von kirchlichen Würdenträgern untersucht und durch eine bischöfliche Untersuchungskommission für übernatürlich erklärt. 1697 ließ Kaiser Leopold I. die weinende Madonna unter Vermittlung des Grafen Corbelli und auf Wunsch der Kaiserin Eleonore Magdalena nach Wien bringen. Die Ikone wurde über dem Tabernakel auf dem Hochaltar des Stephansdoms aufgestellt und mit zwei mit Diamanten geschmückten Goldkronen versehen; man nannte sie „ROSA MYSTICA".

Die Rose hat in der Religion einen sehr starken symbolischen Charakter: Die fünf Blütenblätter bilden das Pentagramm, weswegen die frühen Christen in der Blume das Dämonische sahen, nicht zuletzt auch aufgrund des heidnischen Hintergrunds, da die Rose bei den Römern als Symbol der Venus galt. Doch schon bald wurde die dornenlose Rose zum Sinnbild der Unschuld, sie galt und gilt immer noch als Symbol für die Jungfrau Maria. Auf diesem Zusammenhang beruht auch der Namen „Rosenkranz": *Gegrüßet seist du, Maria, voll der Gnade, der Herr ist mit dir. Du bist gebenedeit unter den Frauen, und gebenedeit ist die Frucht deines Leibes, Jesus ...*

Die Gebete und Anrufungen sind symbolisch zu einem Kranz aus weißen, goldenen und roten Rosen geflochten, die fünf Blütenblätter stellen die fünf Wundmale Christi dar.

Die weiße Rose steht allerdings auch für *sub rosa dictum* (frei übersetzt „unter dem Siegel der Verschwiegenheit"), das von beispielsweise den Freimaurern, aber auch von der katholischen Kirche als Beichtgeheimnis übernommen wurde.

Doch zurück zu Maria Pócs: Das Dorf Pócs erhielt im Jahr 1707 eine originalgetreue Kopie des Gnadenbildes, das dort wieder verehrt wurde und 1715 bzw. 1905 erneut Tränen weinte. Das Phänomen wurde noch einmal untersucht und durch eine bischöfliche Kommission ebenfalls für übernatürlich erklärt, was Papst Pius XII. in einem apostolischen Schreiben 1948 bekräftigte.

Das Wiener Original hat jedoch nie wieder auch nur eine einzige Träne vergossen.

Das Gnadenbild galt auch als Feuerabwehr für Wien. Bei Tage wurde auf dem Stephansturm als Feuerzeichen eine rote Fahne mit dem Bilde der Maria Pócs an jener Seite aufgehängt, auf welcher der Turmwächter das Feuer erblickte. Die Ikone wurde bei schwierigen Situationen im Türkenkrieg angerufen, und auch bei Viehseuchen wandte man sich an das Gnadenbild. Bei Kopfschmerzen wurde dem Erkrankten ein an dem Gnadenbild geriebenes Band um die Stirn gebunden, mit der Hoffnung, dass der Schmerz nachließ.

Die metallenen Kartuschen des Gitters unter dem Bild von Maria Pócs wurden aus Patronenhülsen der letzten Kriegsmonate 1945 gegossen, „zur Erinnerung an den Zweiten Weltkrieg und dessen Opfer".

Doch im Dom wird auch noch eines anderes „Blutwunders" gedacht: Einer der Altäre ist dem HEILIGEN JANUARIUS *(San Gennaro)* gewidmet, einem Bischof und Märtyrer, der um 305 der Christenverfolgung unter Diokletian zum Opfer fiel: Sein Blut, das sich in einer Ampulle befindet, soll sich alljährlich in Neapel verflüssigen. Dieses „Wunder" ist von der katholischen Kirche allerdings nie anerkannt worden. Wissenschaftler gehen von der Zugabe eines bestimmten Stoffes aus, der die Verflüssigung einer getrockneten Substanz bei Bewegung bewirkt.

Aber auch eine Pflanze hat für den Stephansdom starke symbolische Bedeutung: der WEINSTOCK. Sein Laub und seine Früchte finden sich beispielsweise an der Westfassade in Höhe der Wasserspeier, direkt unter dem Dach läuft ein Blattornament allerdings rund um das ganze Gebäude – der Wein umschlingt also die gesamte Kirche. Auch in der Portalzone des Riesentors befindet sich ein bandförmiges Geflecht aus Blättern und Trauben, ebenso in den Bögen des Singertors und des Bischoftors. Die Darstellungen stammen aus der Mitte des 13. Jahrhunderts und ähneln heutigen Weinsorten wie zum Beispiel dem Grünen Veltliner.

Seltener werden auch die „Krabben" (kunstgeschichtlicher Fachausdruck für aus Stein gemeißelte, faltig verbogene Blätter als gotische Schmuckelemente an Gebäuden, auch Kriechblumen genannt) an den Graten der Heidentürme als Knospen von Weinpflanzen gedeutet.

Im Inneren des Doms befindet sich Weinlaub unter anderem an den Grabmälern Rudolfs IV. und Friedrichs III.

*St. Stephan bildet auch den Mittelpunkt des Marienkults in Wien.
Stich aus dem Werk „Austria Mariana seu virginae Dei-Parentis
iconum …", 1735.*

Im Heiligen Land gab es den Weinbau schon seit frühester Zeit,
die Trauben waren im Überfluss vorhanden und wurden zu
Wein verarbeitet, aber auch frisch und getrocknet verzehrt. Im
alten Orient bedeutete der Weinstock Reichtum und Wohler-
gehen.

Und auch die Bibel erwähnt das Wort „Wein", insgesamt über
200 Mal, „Weinberg" kommt über 100 Mal vor.

Noah aber, der Ackermann, pflanzte als Erster einen Weinberg
(1. Mose/Genesis 9,20), nachdem er mit seiner Familie der Sint-
flut entkommen war und im Ararat-Gebiet wieder Fuß gefasst
hatte. Weinberg und Rebstock sind in der Bibel Bilder für Gottes auserwähltes Volk: *Der Weinberg des Herrn der Heerscharen
ist das Haus Israel, und die Leute von Juda sind seine liebliche
Pflanzung* (Jesaja 5,7). Das Bild vom Weinberg wechselt in das
des Weinstocks über: *Israel war ein üppiger Weinstock, ließ zahlreiche Früchte reifen* (Hosea 10,1).

Die Traube wurde zum Nationalsymbol des Volkes Israels, sie
hing vergoldet über dem Eingang des Herodes-Tempels in Jerusalem und war Symbol für den Segen, der auf Juda liegt. *Er
wird seinen Esel an den Weinstock binden und seiner Eselin Füllen
an die edle Rebe. Er wird sein Kleid in Wein waschen und seinen
Mantel in Traubenblut* (1. Mose/Genesis 49,11).

Zentrales Symbol im Stephansdom: Laub und Früchte des Weinstocks.
Detail vom alten Chorgestühl, das 1945 ein Raub der Flammen wurde.

Der Weinberg ist das Bild der Himmel und Erde verbindenden
Liebe Gottes, zugleich aber auch Symbol seiner Strafe für den
Abfall seines Volkes, denn es heißt, Feinde werden Israel so ver-
wüsten, wie Wildschweine den Weinberg: *Einen Weinstock holst
du aus Ägypten. Du vertriebst Nationen und pflanztest ihn ein.
Du machtest Raum vor ihm, und er schlug Wurzeln und erfüllte
das Land. Die Berge wurden bedeckt von seinem Schatten, von seinen Ästen die Zedern Gottes. Er streckte seine Zweige aus bis ans
Meer, bis zum Strom hin seine Triebe. Warum hast du seine Mauern niedergerissen, so dass ihn alle berupfen, die des Weges kommen?
Es frisst ihn ab das Wildschwein aus dem Wald, das Wild des Feldes
weidet ihn ab.* (Psalm 80, 9–15)
Doch nach der Trauer über die verwüsteten Weinberge gibt es
wieder Hoffnung: *Siehe, es kommt die Zeit, spricht der Herr, dass
man zugleich ackern und ernten, zugleich keltern und säen wird.
Und die Berge werden vor süßem Wein triefen, und alle Hügel werden fruchtbar sein.* (Amos 9,13). *Und die Dreschzeit wird bei euch
bis zur Weinlese reichen, und die Weinlese wird bis zur Saatzeit
reichen. Und ihr werdet euer Brot essen bis zur Sättigung und werdet sicher in eurem Land wohnen.* (3. Mose/26,5)
Weinstock und Rebe werden schließlich zum Sinnbild Christi
und seiner Gemeinde: *Ich bin der Weinstock, ihr seid die Reben.
Wer in mir bleibt und ich in ihm, der bringt viel Frucht; denn
ohne mich könnt ihr nichts tun.* (Johannes 15,5)

Tiefe Bedeutung erhält der Wein zusammen mit dem Brot im christlichen Abendmahl: Weintraube und Ähre symbolisieren von nun an das Blut und den Leib Christi.

Doch auch der Lebensbaum im Paradies wurde, vor allem im Mittelalter, oft mit einem Weinstock gleichgesetzt – als Baum der Erkenntnis von Gut und Böse, der zum Leben beziehungsweise bei Missachtung des Gebots zum Tod führt. Um welchen „Frucht"baum es sich im Paradies tatsächlich gehandelt hat, ist bis heute nicht klar. Der Apfel kann es nicht gewesen sein, da dieses Obst in der Gegend zu jener Zeit nicht existierte. Vermutlich handelte es sich um einen Feigenbaum, dessen Blätter Adam und Eva auch zur Verdeckung ihrer Geschlechtsorgane dienten. Es liegt hier offensichtlich wieder einmal ein Übersetzungsfehler vor: *malum,* das Adjektiv zur Frucht vom Baum der Erkenntnis, bedeutet zwar „Apfel", aber auch „böse", und so wurde aus der „bösen Frucht" der Einfachheit halber gleich der „Apfel" gemacht.

Interessant ist im Zusammenhang mit dem Stephansdom jene Textstelle aus der Offenbarung des Johannes (Offb 22,2), die das himmlische Jerusalem beschreibt: *Zwischen der Straße der Stadt und dem Strom, hüben und drüben, stehen Bäume des Lebens. Zwölfmal tragen sie Früchte, jeden Monat einmal; und die Blätter der Bäume dienen zur Heilung der Völker.*

Im Dom befinden sich 12 Säulenbündel, die in ihrer Form hochgewachsenen Weinstöcken ähneln.

Ein anderes wichtiges Symbol ist das des Zeitablaufs – die UHR (von lat. *hora,* „die Stunde") ist nicht nur ein praktisches Instrument und wichtiges Gestaltungselement an Kirchen, sondern führt auch die eigene Vergänglichkeit vor Augen, weist auf unsere Ausrichtung auf die Zeit hin und mahnt uns, diese sinnvoll zu nutzen.

Das Bedürfnis, Zeitpunkte festzulegen und Zeitspannen zu messen, ist uralt. Schon im Altertum maß der Mensch die Zeit, damals noch anhand von Beobachtungen des Himmels, der „Wanderung" von Sonne und Mond, aus der daraus resultierenden Bewegung des Schattens konnte durch Markierungen die Zeit eingeteilt werden. So entwickelte sich im Alten Ägypten die Schattenuhr, dann folgten Wasser-, Sonnen- und Kerzenuhren, die erste Räderuhr entstand um 1300. Etwa zur selben

Zeit verbreiteten sich in Mitteleuropa auch die Sanduhren. Um 1450 sind eigenständige Uhrmacherzünfte, auch in Wien, nachweisbar. Turmuhren waren zu dieser Zeit kunstvoll gefertigte Einzestücke.

Mit der Messbarkeit und Einteilung der Zeit versuchte vor allem die Kirche die Menschen zu erziehen, was sich im „Beten und Arbeiten" des Heiligen Benedikts widerspiegelt, der dafür fixe „Termine" festlegte. Damit war der Bedarf für eine mathematisch genaue Messung, Einteilung und verbindliche Definition der Zeit gegeben.

An den Kirchtürmen wurde die Uhrzeit nicht nur visuell, sondern auch akustisch vermittelt, der Viertelstundenschlag mit einer höher klingenden, der zur vollen Stunde mit einer tiefer klingenden Glocke, früher von den Türmern noch händisch geschlagen, später mechanisch vom Werk der Uhr.

In Wien belegen Aufzeichnungen das händische Schlagen an einer „Schelle" im Stephansdom ab etwa 1380, damals wurden die Turmwächter dafür gesondert ausbezahlt, was eine alte Rechnung des Wiener Kammeramtes belegt.

Die erste mechanische **SCHLAGUHR** befand sich ab dem Beginn des 15. Jahrhunderts im Dom, unterhalb der Glockenstube des Südturms, das geht aus den Kammerrechnungen des Jahres 1417 hervor, wo *maister Hanns von Prag gemacht an die ur den Hamerstil.* Diese Uhr konnte die vollen Stunden akustisch über das Schlagwerk anzeigen. Wahrscheinlich 1445 erhielt die Uhr erstmals ein Ziffernblatt. Damals waren Schlosser mit dem Bau der Uhren beauftragt, erst ab 1501 werden Uhrmacher erwähnt.

Mitte des 15. Jahrhunderts wurde die zweite **TURMUHR** hergestellt und montiert, doch da sie immer wieder ungenau ging, setzte der damalige Uhrrichter die Anschaffung einer Sanduhr durch, *die sechs stundt rinnt auf das wann die sunn nit scheint, er die ur in sant Steffans Thurn recht richten mug.* 1554 wurden bei leiblicher Verpflegung mit *visch, wein, pier, prat krevsen, picklingen, käss* und *airschmalz* mehrere Fachleute zu Rate gezogen, um die Ungleichmäßigkeiten zu beseitigen, und so ließ der Wiener Bürgermeister im selben Jahr an einem Strebepfeiler des Südchors die heute älteste **SONNENUHR** Wiens vertikal in Stein bauen, die dem „Richten" der Turmuhr diente. 1560 wurde beschlossen, *der Türmer solle eine stätte reissuhr* (beständig laufende Sanduhr) *haben, darnach er die haubtuhr richten solle, ainen kundigen wachter darzue zu geprauchen, die uhr zu morgens und abends aufzuziehen und zumb dretten das man in zum werch ein kleins öferl machen und winterzeit heizen solle, damit die kelten nit schaden thue.*

1561 wurde eine neue Turmuhr gefertigt, die auf allen vier Seiten ein Ziffernblatt mit je einem Stundenzeiger besaß. Ein Stundenschlagwerk kündigte selbständig die vollen Stunden an, die Viertelstunden mussten weiterhin vom Wächter mit Hilfe eines Drahtzugs an die Primglocke geschlagen werden – …*und als offt auf Sand Steffans turn das viertel geschlagen und der Turner aufsreyt sollen die Wachter ir jeder sich gegen Im mit einem Geschray auch melden.*

1636 erhielten die Türmer eine Weckuhr, damit sie keine Viertelstunde versäumten, es dürfte sich hierbei bereits um eine Räderuhr gehandelt haben.

1699 wurde die vierte und bisher letzte Turmuhr gebaut, die Arbeit kostete 1.200 Gulden. Der neue Zeitmesser mit vier Ziffernblättern, je zwei Meter langen Stunden- und je einen Meter langen Viertelstundenzeigern und einem 700 Kilogramm schweren Werk war danach von 1700 bis 1861 in Betrieb. Ihr lautes Schlagen tönte über die ganze Stadt, anfangs allerdings nur zur vollen Stunde, die Viertelstunden wurden noch bis zum Ende des 18. Jahrhunderts mit der Hand geschlagen. Die Abweichungen der Turmuhr sind mit weiteren Sonnen- und Sanduhren korrigiert worden. Diese letzte Turmuhr von St. Stephan ist seit 1963 im Uhrenmuseum ausgestellt.

1861 wurde vom Gemeinderat beschlossen, eine Doppeluhr für die beiden Rundfenster links und rechts vom Riesentor herstellen zu lassen. Dafür mussten die Fenster ausgebrochen werden, woraufhin sie verloren gingen. Wahrscheinlich haben die Handwerker das kostbare Glas achtlos weggeworfen.

Ein damals eigens dafür eingerichtetes Schlagwerk sorgte für das automatische Einschalten der Gasbeleuchtung hinter den gläsernen Ziffernblättern, sobald es dunkel wurde. Da damals keine Verbindung dieser Uhren zu dem Glockenturm hergestellt werden konnte, mussten im 19. und Anfang des 20. Jahrhunderts die Türmer wieder händisch die Glocken schlagen.

Die heute älteste Sonnenuhr Wiens an einem Strebepfeiler des Südchors.

Die erste elektrische Uhrenanlage des Stephansdoms befindet sich seit 1925 in der Unteren Sakristei, ab dieser Zeit besorgte wieder ein Uhrwerk das Schlagen der Glocken. 1936 wurde eine weitere elektrische Uhrenanlage in der Oberen Sakristei eingebaut.

Als 1945 der Dom ausbrannte, stand auch die Zeit in St. Stephan buchstäblich still. Ab 1946 gab es wieder eine neue Hauptuhr, die aufgrund der unregelmäßigen Stromversorgung zusätzlich mit Batterie und Ladegerät ausgestattet war.

1961 wurde das Ziffernblatt der Uhr links vom Riesentor neu gestaltet, es zeigt die Symbole „Himmel, Tod, Gericht und Hölle". Außerdem ist der UROBOROS zu sehen, eine Schlange, die sich in den Schwanz beißt, als uraltes Symbol für die Ewigkeit. Eine Krone steht für die Majestät Gottes. Der Stundenzeiger stellt den Verlauf des Lebens dar, der Minutenzeiger das Schwert der Gerechtigkeit, ein weißes Band symbolisiert die Wahrheit, den Himmelsbogen und die Luft.

Die Uhr rechts vom Riesentor wurde 1964 durch eine Springeruhr mit Blättersystem ersetzt. Auf ihr sind Sonne, Mond und Tierkreiszeichen zu sehen. Der Tag wird hier mit arabischen Zahlen angezeigt, das Monat mit römischen.

Die Hauptuhr wich 1970 einer modernen Quarzuhr, die bis heute in Betrieb ist.

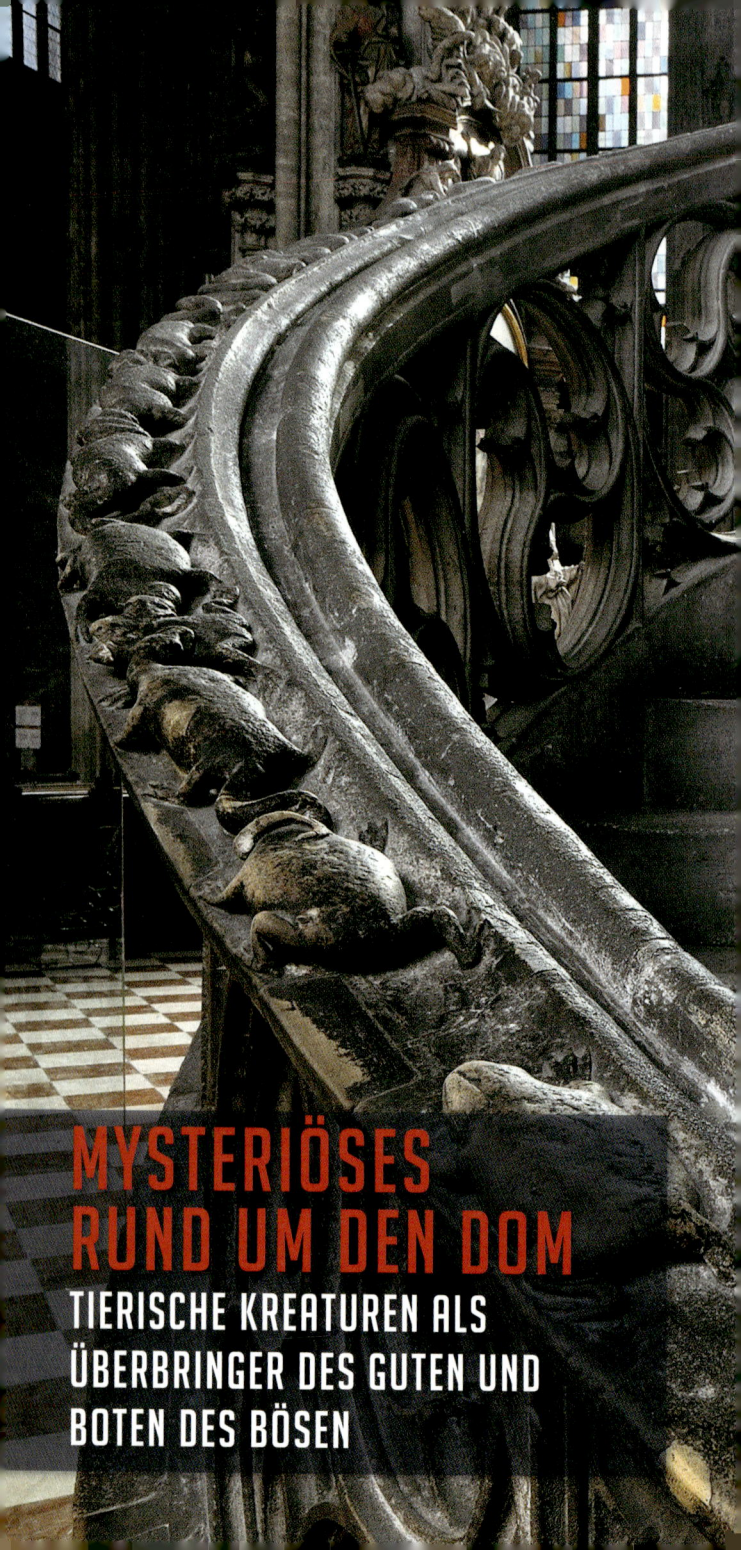

MYSTERIÖSES RUND UM DEN DOM

TIERISCHE KREATUREN ALS ÜBERBRINGER DES GUTEN UND BOTEN DES BÖSEN

Ganz besonders symbolträchtig sind natürlich auch die zahlreichen Figuren, die den Stephansdom bevölkern, ob in menschlicher, tierischer oder dämonischer bzw. mythologischer Gestalt, ob an den Außenwänden oder im Inneren des Bauwerks.

Der **HAHN** thronte im Mittelalter auf fast allen Kirchturmspitzen. In St. Stephan schmückte ein Gockel bis ungefähr 1500 den Südturm, 1950 wurde ein neues Exemplar auf dem Chordach platziert. Dieses Tier fungiert als Wächter gegen den Teufel, der ja angeblich nur bis zum ersten Hahnenschrei sein böses Werk vollbringen kann (streng gläubige Katholiken fürchten Satan natürlich auch tagsüber), sowie gegen Geister und Dämonen. Der Hahn versinnbildlicht allerdings ebenso die Wachsamkeit und das Licht, weil das Tier in Fleisch und Blut ja über seinen Stall wacht und mit dem Krähen den Tag ankündigt, außerdem symbolisiert er im Volksglauben auch Kampflust und Kampfbereitschaft.

Doch auch die sexuelle Symbolik dieses Tiers kommt nicht zu kurz: Bei den Kelten stand der Hahn für Lebenslust, Liebe und Fruchtbarkeit, außerdem für männliche Energie und Kraft. Seine sexuelle Triebhaftigkeit spiegelt sich heute noch in dem Sprichwort „Ein guter Hahn wird nicht fett" wider, darüber hinaus gab es, zumindest früher, ohne Hahn auch keine Eier, die ja in allen Kulturen das Fruchtbarkeitssymbol schlechthin darstellen.

Zum Hahn auf dem Dach des Doms existiert folgende Sage:

Ein junger Ritter namens Kaspar von Schlezer wurde beauftragt, dem Sultan von Konstantinopel eine geheime Nachricht zu überbringen. Zum Abschied von zu Hause überreichte ihm seine Gattin ein silbernes Kreuz an einer Kette, das den geliebten Gemahl vor den Gefahren im fremden Land schützen sollte. Nach einer beschwerlichen Reise kam der Ritter im türkischen Palast an und überreichte dem Sultan das geheime Pergament.

Auf der Heimreise wurde das Schiff des Mannes von Piraten überfallen, die ihn im nächsten Hafen an einen Scheich verkauften. Viele Jahre musste der Ritter als Sklave schwere Arbeiten verrichten, nur das Kreuz um seinen Hals, unter seinem Hemd verborgen, gab ihm Mut und Hoffnung.

Nach fünf Jahren der Abwesenheit ihres Gatten verlobte sich die Rittersfrau mit dem besten Freund ihres Mannes. Zu jener Zeit hatte Kaspar in der Ferne folgenden Traum: Er sah sein geliebtes Weib mit dem Ritter von Merkenstein im Stephansdom vor dem Altar stehen, während ihm eine Stimme zuraunte, dass er die Hochzeit noch verhindern könnte.

Der Mann erwachte und rief: „Morgen muss ich in Wien sein, und wenn mich der Teufel holt!" Sogleich erschien der Leibhaftige, reitend auf einem Hahn, und raunte: „Dieser Gockel wird uns an den von dir gewünschten Ort bringen, aber ich will deine Seele dafür."

Kaspar von Schlezer stimmte zu, doch er verlangte, dass er während des Flugs schlafen und kein einziges Mal erwachen dürfte. Der Teufel willigte ein, und so flogen die beiden durch die Lüfte davon, über Wasser, Wald und Wiesen, bis im Morgengrauen der Stephansdom in der Ferne auftauchte. Der Ritter hielt während der gesamten Reise sein silbernes Kreuz fest umklammert und schlief tief und fest.

Doch als der Hahn sein Ziel vor Augen sah, stieß er ein freudiges „Kikeriki" aus, woraufhin Kaspar erwachte. Der Teufel wusste sofort, dass des Ritters Seele für ihn verloren war, schleuderte ihn und den Gockel wütend in die Donau und fuhr fluchend hinab in die Hölle.

Nachdem zwei Fischer den Mann aus den Fluten gerettet hatten, rannte Kaspar zum Dom und konnte die Hochzeit zwischen seiner Frau und seinem Freund gerade noch rechtzeitig verhindern. Glücklich fielen sich die beiden Liebenden in die Arme.

Zum Dank, dass der Hahn ihn rechtzeitig nach Wien gebracht und aufgeweckt hatte, ließ der Ritter einen Gockel anfertigen und auf das Dach des Stephansdoms setzen, wo er sich noch heute befindet und an den Teufelsritt in mittelalterlicher Zeit erinnert.

Auch in Stein gemeißelte Tiere waren immer schon ein bedeutender Bestandteil mittelalterlicher Kirchen, ihre Symbolkraft bezieht sich vor allem auf den Kampf zwischen Gut und Böse und zwischen Leben und Tod. Den Menschen früher wurde durch Tierdarstellungen der Ablauf ihres eigenen Daseins versinnbildlicht.

Am und im Dom finden sich am häufigsten Löwen, Affen, Hunde, Frösche, Kröten, Eidechsen, Schlangen, diverses Feder-

*Kündet vom spektakulären „Teufelsritt" des Kaspar von Schlezer:
der Hahn auf dem Dachfirst.*

vieh, Basilisken und Drachen, Altarbilder zeigen in der Geburts-
geschichte Ochsen und Eseln.

An der Außenseite des Doms befinden sich etliche WASSER-
SPEIER, englisch *gargoyles* genannt, die aus der Zeit vom 12. zum
14. Jahrhundert stammen, die meisten davon in Form von dä-
monisiert dargestellten Tiergestalten.

Das Konzept, Regenwasser über Tiermäuler vom Dach religiöser Bauten abzuleiten, ist seit der Antike bekannt. In Griechen-
land waren zum Beispiel Löwenhäupter an frühen dorischen
Tempeln angebracht, bei Artemistempeln aus dem 4. Jahrhundert v. Chr. wurden Hundeköpfe gefunden. Aber auch die
Römer bedienten sich dieses Bauschmuckes.

Wasserspeier waren immer auch ein Symbol für die Abwehr von
Dämonen, da dem Regen als „Himmelswasser" früher eine Wirkung gegen Krankheiten sowie Schutz vor dem Bösen nachge-
sagt wurde, das diese Figuren ausspien, was als Sofortmaßnahme
gegen eine Bedrohung galt.

Die Wasserspeier am Stephansdom haben ganz unterschiedliche
Gestalten, einige sehen aus wie Löwen, andere wie Hunde oder
Hyänen, manche davon sind auch gefiedert, weiters gibt es Drachen, aber auch Tierkörper mit menschenähnlichen Köpfen
und Dämonen. Fast alle der Steingebilde haben aber eines gemeinsam: mit ihren weitaufgerissen Mäulern und angespannten

Ambivalentes Symbol am Vorbau des Riesentors: Der Löwe kann sowohl das Böse als auch göttliche Macht bedeuten.

Leibern sehen sie aus, als würden sie jeden Moment auf die Person hinabspringen wollen, die zu ihnen aufsieht. Die weniger bedrohlich wirkenden scheinen mit ihren verzerrten Fratzen auf ihre Betrachter hinunterzuspotten.

Der **LÖWE** symbolisiert im Christentum vordergründig das Böse, er gilt als Feind des Menschen. So steht im ersten Petrusbrief: *Seid nüchtern und wachsam! Euer Widersacher, der Teufel, geht wie ein brüllender Löwe umher und sucht, wen er verschlingen kann!* Andererseits ist er Symbol der Auferstehung, was auf ein Tierbuch der Antike, den *Physiologus* (= der Naturkundige), zurückgeht: *Die Löwin gebiert ihr Junges todt; am dritten Tage aber kommt der Vater, bläst ihm in's Gesicht und erweckt es dadurch zum Leben.* (Übersetzung ins Deutsche nach Lauchert, 1889). Der Löwe ist somit ambivalent als „Symbol des Gottes oder des Teufels" zu sehen.

Der **HUND** steht einerseits für die Jagd, den Schutz und die Heilung, aber auch für Treue und Wachsamkeit. Er ist der Wächter der Unterwelt und hat die Funktion eines Seelenführers, der die Seelen auf ihrem Weg ins Totenreich begleitet. Die Hyäne dagegen bezieht sich laut dem griechischen *Physiologus* auf ein gewisses Laster, im lateinischen *Physiologus* wiederum bedeutet dieses Tier Judentum, das weder gläubig noch ungläubig ist.

Wächter der Unterwelt und Begleiter der Seelen auf ihrem Weg in die Unterwelt: der Hund.

Der DRACHE gilt als männliches Prinzip und als Glücksbringer, allerdings nur im ostasiatischen Raum. Die deutsche und vor allem christliche Gleichung lautet: Drache ist gleich Schlange, Schlange ist gleich Teufel! Die Gestalten an den Kirchen könnten aber auch den Drachen aus der Apokalypse, dem letzten Buch der Bibel, darstellen, in der dieses Tier als Verlierer hervorgeht.

Doch nicht nur die Wasserspeier sind von tierischer Gestalt. Im Fries des Riesentors beispielsweise sitzen Drachen, Löwen und Basilisken.

Der BASILISK ist ein mythologisches Fabeltier, oft als Mischwesen dargestellt, und gilt als „König der Schlangen". Auch hier symbolisieren die Tiere den Kampf zwischen Gut und Böse, sie fordern durch oftmalig dargestellte Kampfhandlungen oder -posen stumm die Entscheidung für oder gegen Gott.

Im Dom begegnen dem Besucher Hunde, Affen, Löwen und Drachen, die da und dort hervorlugen, wie etwa aus den Kapitellen im Inneren der Westempore.

Die Drachen werden dem heiligen Georg zugeschrieben, Löwen dem heiligen Markus. Der Affe steht in der christlichen Bildsprache für Lüsternheit und List.

KRÖTEN, SCHLANGEN UND EIDECHSEN, die aufwärts und abwärts kriechen, begegnen uns auf dem Handlauf der großen Kanzel in der Mitte des Langhauses, geschaffen um 1500 von Anton Pilgram. Die Kanzel war oft ein Ort dramatischer Auseinandersetzungen, beispielsweise zu Zeiten der Reformation, aber ebenso im letzten Jahrhundert, als Kardinal Innitzer am 7. Oktober 1938 seine Predigt an die Jugend gegen den Nationalsozialismus hielt, nachdem er zuvor für den „Anschluss" an das Deutsche Reich gestimmt hatte. Passenderweise symbolisieren die den Handlauf der Kanzel verzierenden Tiere, die sich ineinander verbeißen, ebenfalls den Kampf alles Menschlichen mit dem Guten und dem Bösen.

Ganz oben sitzt ein bellender, sprungbereiter steinerner Hund als Wachtier, so als ob er das Böse, sollte es gewinnen, unter keinen Umständen zum Prediger in die Kanzel lassen wolle. Das Tier, „Hündlein Ohnefurcht" genannt, ist außerdem ein Zei-

Symbolisieren den Kampf alles Menschlichen mit dem Guten und dem Bösen: Eidechsen am Sockel zum Sarkophag Kaiser Friedrichs III.

chen für alle Gläubigen, der Sünde mit Wachsamkeit zu begegnen. Der Hund könnte aber auch auf die Prediger des Dominikanerordens anspielen, die aufgrund ihres besonderen Eifers *domini canes*, also „Hunde des Herren", genannt wurden.

Unter den untereinander auf und ab kriechenden Tieren befinden sich außerdem noch ein echsenartiges Fabeltier und eine Schildkröte – beide Wesen werden interpretatorisch zu den Eidechsen gerechnet.

Die gerne in der Sonne sitzenden Echsen haben im Christentum die Aufgabe, dem Menschen die Augen zu öffnen, dass sie Hilfe bei Christus, der Sonne der Gerechtigkeit, suchen sollen (allerdings beißen sich am Handlauf die Eidechsen auch gegenseitig in die Hinterteile). Frösche und Kröten hingegen repräsentieren das Böse, Dummdreiste, Irrgläubige und Verderbte, sie gelten als „giftig" (im Sinne von Gedanken vergiften) und sind Sinnbild für Lasterhaftigkeit. Oft werden sie auch als Gefolgte des Teufels oder Boten des Todes bezeichnet. Satan selbst wird hin und wieder mit dem Frosch als Wappentier dargestellt. Laut dem griechischen *Physiologus* sind diese Amphibien Wesen, die Versuchungen nicht widerstehen können.

Frösche und Kröten galten übrigens schon im Alten Testament als Plage, und im Mittelalter sind sie definitiv zu den dämonischen Tieren gezählt worden.

Aber auch Schlangen haben, vor allem bei den Christen, noch nie etwas Gutes bedeutet.

In dem mittelhochdeutschen Gedicht „Von dem jungesten Tage", aus dem Werk *Der Renner* von Hugo von Trimberg aus dem frühen 14. Jahrhundert, werden Höllenqualen von dem Autor wie folgt beschrieben:

Wie sie da in der helle lant
Mit würmen sint bevangen
Mit kroten und mit slangen

Auch der Text unter einem Bild im *Renner*, das einen Jüngling mit Eidechse, Kröte und Schlange zeigt, vermittelt keinen positiven Eindruck von dem tierischen „Trio Infernale", denn der junge Mann fragt sich verzweifelt, vor wem er sich hüten solle, wer ihm falsch entgegentrete oder wer sein Freund und wer sein Feind sei. Im weiteren Textverlauf wird klar, dass die Kröte die Leute symbolisiert, *die schone wort sprechen sonder meynen*, die Eidechse den Menschen, *der fient ist und frunt schinet* und die Schlange ist *ein zwey genzungett man der wol smeicheln und verraten kann*.

Interessant ist aber auch die Tierwelt auf den Schlusssteinen in einigen der Dombögen. Diese Keilsteine am höchsten Punkt eines Bogens (oder abschließenden Steine im Hauptknotenpunkt eines Rippengewölbes) zieren folgende Gestalten: ein Pelikan, ein Einhorn, das sich an die Jungfrau Maria schmiegt, und ein Phönix.

Der **PELIKAN** gilt als Symbol der Liebe Christi für die Menschen. Diese Deutung entstand folgendermaßen: Der Pelikan bringt in seinem Kehlsack Fische zu seinen Jungen. Diese presst er aus dem Mund heraus, so dass Fischblut seine weißen Federn rötet.

Sprungbereit: Unter den Wasserspeiern am Dom befindet sich auch ein „Stierdämon".

So ist die Fabel entstanden, in welcher der Pelikan seine Brust aufreißt, um seine Jungen zu füttern. Damit ist dieses Tier zum Symbol für die sich aufopfernde Elternliebe geworden, welches von den Christen auf Jesus übertragen wurde.

Ein weiterer Pelikan befindet sich auf dem Unterbau eines Altars in den Katakomben – es handelt sich um ein Muttertier, das drei Junge mit seinem Blut nährt.

Der **PHÖNIX** ist im Mythos das Tier der Unsterblichkeit, Lauchert übersetzte aus dem griechischen *Physiologus:*

Der Phönix lebt in Indien (oder Arabien). Immer nach 500 Jahren geht er auf den Libanon, füllt dort seine Flügel mit wohlriechenden Kräutern und begibt sich dann damit nach Heliopolis, wo er sich im Sonnentempel auf dem Altar verbrennt. Aus der Asche aber entsteht am nächsten Tage ein Wurm, der sich am zweiten Tag zu einem jungen Vogel entwickelt, bis am dritten der Phönix selbst in seiner frühern Gestalt wieder daraus hervorgegangen ist und sich dann an seinen alten Aufenthaltsort zurückbegibt. Der Phönix ist ein Symbol Christi, der am dritten Tag vom Tode auferstand. Die zwei Flügel, mit Wohlgerüchen gefüllt, bedeuten das Alte und Neue Testament, voll von den göttlichen Lehren.

Das EINHORN: Über dieses Tier steht im griechischen *Physiologus*, dass es von Jägern nicht bezwungen werden kann und sich nur von einer Jungfrau einfangen lässt. Das heißt, dass Christus, mächtiger als alle himmlischen Mächte, in den Schoß einer Jungfrau herabkam, um die Menschheit anzunehmen. Der lateinische Text des *Physiologus* weicht wieder ab:

Dass das Einhorn nur ein Horn hat, bedeutet, dass Christus und der Vater eins sind. Dass es klein ist, bedeutet die Demut Christi in seiner Menschenwerdung. Dass es einem Bock ähnlich ist, bedeutet, dass Christus die Gestalt von uns sündigen Menschen annahm.

Verschiedenartigste Tiere befinden sich auch an der letzten Ruhestätte von Kaiser Friedrich III. im Südchor.

Auf dem Deckel des Grabmals ruht die steinerne Gestalt des Herrschers im Krönungsornat inmitten verschiedener Wappen seiner Länder und Dynastien, in der rechten Hand hält er den Reichsapfel, in der linken das Zepter, um das ein Spruchband mit den Vokalen AEIOU geschlungen ist.

Die Seiten des Hochgrabs sind in mehrere Ebenen aufgeteilt und mit 240 kleinen Statuen geschmückt. Direkt unter dem Deckel befinden sich weitere Wappen, darunter klagende und betende Mönche, danach sind Friedrichs gut Werke und seine Stiftungen zu sehen, gefolgt von tierischen Kreaturen und Totenschädeln. Weiters sind noch ein Heiland und die Apostel dargestellt, sowie andere Heilige.

Unter den Tieren befinden sich beispielsweise SCHLANGEN UND VÖGEL, wie auch eine EULE und ein Hund, allerdings handelt es sich dabei größtenteils um Mischwesen, also Fabeltiere, mit deren genauer Bedeutung sich Kunsthistoriker bis heute beschäftigen. Jedenfalls symbolisieren sie die Überwindung des Todes und der Verwesung durch die Taten des Verstorbenen.

Ein ganz besonders mystisches Tier ist im Zusammenhang mit dem Christentum der FISCH. Eine der ersten Darstellungen dieser Art befindet sich in den Lucina-Krypten der römischen Calixtus-Katakombe, erbaut im 2. und 3. Jahrhundert.

Das griechische Wort für Fisch, ICHTHYS, enthält ein kurzgefasstes Glaubensbekenntnis: *Iesus Christos THeou Yios Soter*, was bedeutet *Jesus Christus Gottes Sohn Erlöser*.

„Sinnbild Christi nach seiner doppelten göttlichen und menschlichen Natur" (Anton Mailly): Vogel Greif am Vorbau des Riesentors.

Das Symbol selbst besteht aus zwei gekrümmten Linien, die einen Fisch darstellen. Es wird angenommen, dass dieses Tier auch schon von den Urchristen als Erkennungs- und Geheimzeichen benutzt wurde: Eine Person zeichnete einen Bogen in den Sand, die andere ergänzte die Darstellung mit dem Gegenbogen und gab sich damit als Gleichgesinnter zu erkennen.

Interessant ist jedoch, dass am Stephansdom nur zwei Fische erwähnt werden, wenn man im Domarchiv danach fragt, nämlich der am Riesentor als Attribut des heiligen Tobias und jener im Mittelchor, der Jonas ausspuckt. Trotzdem ist davon auszugehen, dass am und im Stephansdom eigentlich mehrere der symbolhaften Tiere zu finden sein müssten – ein weiteres Rätsel, vielleicht sogar ein Geheimnis, das noch zu lüften wäre.

Kein Geheimnis ist jedoch, dass sich auch lebende **TIERE** im und beim Dom wohlfühlen.

In den Katakomben, und sonst nirgendwo in ganz Österreich, haust eine **SPRINGSCHWANZ-ART** – ein Sechsfüßer, der vor allem auf und in Humusschichten nicht zu trockener Böden und an verrottendem Pflanzenmaterial vorkommt – von 0,39 Millimetern Größe. Des Weiteren sind die Katakomben, aber auch finstere Ecken an der Außenfassade ein Zuhause für unzählige Fledermäuse, die nachts in die Umgebung ausschwärmen. Aber auch TURMFALKEN umfliegen den Stephansdom, die bei Einbruch der Dunkelheit auf die Jagd nach den dämmerungsaktiven Eulenfaltern gehen.

Besonders interessant ist der „Götterbaum" neben dem Treppenaufgang zum Südturm: Der Mitte des 19. Jahrhunderts aus China importierte Zierbaum beheimatet den AILANTHUSSPINNER, einen Seidenproduzenten aus China und Japan, der heute nur noch in wenigen Teilen der Erde vorkommt.

Natürlich sind auch immer wieder unerwünschte Gäste zu Besuch. Den MÄUSEN wird mit „ordinären" Fallen der Garaus gemacht, und gegen die TAUBEN und ihren Kot ist das Bauwerk außen mit einem feinmaschigen Netz geschützt.

Im Jahr 1533 hat sich einmal ein großer Bienenschwarm in den Dom verirrt. Demjenigen, der sich traute, die Tiere zu fangen, winkte damals eine Belohnung von 2 Schilling.

Doch nicht nur auf Tiere, sondern auch auf andere mysteriöse, gruselige und allegorische Darstellungen (oder Teile davon) und Gestalten treffen wir im Dom.

So befinden sich im und am Dom mehr als 50 TOTENKÖPFE. Dieses Symbol gilt seit uralten Zeiten als Hinweis auf die Sterblichkeit, auf die Vergänglichkeit des irdischen Seins: *Memento mori!* – „Erinnere dich, dass du sterblich bist!"

Rudolf Schwarz, Autor des Buches *Geheimnisvoller Stephansdom*, behauptet, *dass die Darstellung der Totenköpfe Angst beim gemeinen Volk erzeugen sollte, um es unter Kontrolle zu halten.*

Vor allem im Mittelalter, zu einer Zeit, wo im Namen der Justiz gefoltert und grausam hingerichtet wurde und Seuchen wie auch Hungersnöte ein Menschenleben rasch vergänglich erscheinen ließen, hatte jedermann die eigene Sterblichkeit permanent vor Augen. Es erscheint also durchaus logisch, dass die Kirche diesen Umstand ausnutzte, um an das Geld ängstlicher Gläubiger zu kommen.

Interessant in diesem Zusammenhang ist auch, dass der monotone Singsang der Priester, der gemeinsam mit der dröhnenden Orgelmusik auf die Menschen früher sicher einschüchternd wirkte, ebenfalls stets vom Leben nach dem Tod handelte. Und dass bei jedem Gottesdienst Kerzen angezündet wurden, hatte stets weniger mit der Verbreitung von Licht als mit dem Gedenken an die Toten zu tun.

„Es ist die höchste Philosophie und Weisheit, sich den Tod vor Augen zu halten": Epitaph des Steinmetzmeisters Franz Hieß (1641–1675) an der Westfassade mit Totenkopf und Steinmetzzeichen.

Der passende lateinische Spruch zur Theorie von Rudolf Schwarz findet sich auf einem Epitaph neben einem der Altäre im Dom: *Optima Philosophia et Sapientia est Meditatio Mortis,* was übersetzt bedeutet: „Es ist die höchste Philosophie und Weisheit, sich den Tod vor Augen zu halten!"

Zum Thema „Kontrolle" hat sich aber auch Gerhard Roth in seinem Buch *Die Archive des Schweigens: Eine Reise in das Innere von Wien* geäußert, wenn es bei ihm dabei auch nicht um Totenköpfe geht: *Nach zwei weiteren unter den Tritten schaukelnden Leitern steht man plötzlich vor einer Funkantenne des Polizeisenders von Wien, wie Herr Wagner erklärt. Eine merkwürdige, aber alles in allem nicht ganz erstaunliche Allianz zwischen Kirche und Staat zur besseren Überwachung der Bürger.*

Doch zurück zur eigenwilligen „Totenkopf-Deko" des Stephansdoms: Sicher ist, dass die Kirche den Gläubigen damit vermitteln will, dass es nach dem Tod ein erstrebenswertes Danach im Himmel gibt, das man allerdings wiederum nur mit Hilfe der Kirche erreichen kann. Und das hat, vor allem in früherer Zeit, sicherlich schon oft zu „großzügigen Spenden" geführt, quasi als Kaufsumme für ein Stück Himmelsreich und ein „Ruhe in Frieden".

Schon **ABRAHAM A SANTA CLARA** (1644–1709), eigentlich Johann Ulrich Megerle, katholischer Geistlicher und Prediger, Frauen- und Judenhasser, wusste: „Ein schwerer Beutel macht leicht eitel." Dieses Zitat dürfte wohl auch heute noch ganz im Sinne der Kirche sein. Seine Abneigungen gegen Frauen, „Das Weib ist der Ursprung der Sünde, sie trägt die Sünde unter der Schnürbrust versteckt", wird nur milde belächelt. Der fanatische Antisemitismus des Geistlichen jedoch bleibt zumeist zur Gänze unerwähnt, so wie das in modernen Auswahlbänden seines Werkes merkwürdigerweise noch immer der Fall ist.

Begnadete „Weiberfeinde" waren übrigens auch die vier Kirchenväter Gregorius, Hieronimus, Augustinus und Ambrosius – ihre Skulpturen schmücken die große Kanzel im Dom.

Einige der erwähnten Totenköpfe von rund 50 Stück sind am Epitaph das Barock-Steinmetzmeisters und Untervorstehers der Wiener Bauhütte Franz Hieß zu sehen, das an der Westfassade des Stephansdoms angebracht ist. Im Testament des 1675 im Alter von 34 Jahren Verstorbenen steht unter anderem: *... die todten leuchnamb sollen christlich catholischen gebrauch nach bey St. Stephans khürchen auf dem freythoff an das von unß erkhaufften orthl ...*

Ein weiterer steinerner Totenkopf, dieses Mal mit Fledermausflügeln, befindet sich an der Außenseite des Abgangs zu den Katakomben – er dient als Weihwasserbecken.

Neben wenig geheimnisvollen Figuren wie Skulpturen von Rudolf IV., einmal sogar mit einem Modell „seines" Stephansdoms in der rechten Hand (im Bischofstor), seiner Ehefrau Katharina, diversen Heiligenfiguren und zahlreichen Engelswesen ist eine der umstrittensten Gestalten im Dom der bekannte **„FENSTERGUCKER"** unterhalb der Domkanzel. Es könnte sich dabei um den Baumeister Anton Pilgram handeln, der sich auch am alten Orgelfuß, auf dem ursprünglich die erste Orgel stand, verewigt hat, unter anderem mit „MAP 1513", wobei das „MAP" für Meister Anton Pilgram steht.

Für viele bleibt die wahre Identität des Fensterguckers allerdings weiterhin ein Rätsel, da das plastische Porträt an der Kanzel dem Bildnis am Orgelfuß nicht so recht ähnlich mag. Eine Beteiligung Pilgrams an der Ausführung beim Bau der Kanzel wird

Seine wahre Identität bleibt ein Rätsel: der berühmte „Fenstergucker"
unterhalb der Domkanzel.

aber von niemandem bezweifelt, da in der Nähe des Fensterguckers sein Steinmetzzeichen prangt.

Einer alten Sage nach, handelt es sich bei dem geheimnisvollen
Fremden in der Öffnung unter der Kanzel allerdings um Hans
Puchsbaum.

Von dem Erbauer der Kanzel in der Stephanskirche, dem sogenann-
ten Hansl, dessen steinernes Brustbild zwischen dem Schnitzwerk
hervorschaut, geht folgende Sage im Volke. Wenn man dreimal um
die Kanzel herumgeht und jedes Mal fragt: „Hansl, was machst du
jetzt?", so gibt er zweimal keine Antwort und das dritte Mal sagt
er: „Nichts!"

Fest steht, dass diese Selbstbildnisse die Künstler jener Zeit charakterisieren, die selbstbewusst hinter ihren Werken hervortreten und nicht mehr anonym bleiben, wie es im Mittelalter noch der Fall war.

An der Westfassade findet sich am Riesentor in unregelmäßig angeordneten Nischen, neben diversen Tierfiguren, einer tanzenden Sirene und menschlichen Gestalten mit fratzenhaft verzerrten Gesichtern, die Darstellung eines Mordes – es handelt sich um den Teufel, der seinem Opfer eine Schlinge um den Hals legt. Auch ein so genannter „DORNAUSZIEHER", eine sitzende Figur, die wahrscheinlich einen Richter verkörpert, ist hier zu sehen. Beim „Dornauszieher" handelt es sich um ein antikes Motiv der Bildenden Kunst, wobei allerdings meist ein hübscher nackter Knabe in Stein gehauen wurde, der auf seinen Fuß, aus dem er den Dorn entfernt, blickt, und nicht wie am Dom ein hässlicher Mann mittleren Alters, der mit weit aufgerissenen Augen „ins Narrenkastl schaut". Möglicherweise steht der „Dornauszieher" für die Rechtsprechung durch den Herzog, die jeweils an Sonntagen vor der Kirche stattfand.

Auch Samson im Kampf mit dem Löwen, Sinnbild für das Barbarische, ist am Riesentor plastisch wiedergegeben, ebenso wie ein Vogel Greif, der ein Lamm schlägt.

Weiters ist am Riesentor ein Mann mit einem abgebrochenen Hut, dem gehörnten JUDENHUT, zu sehen. Diese Kopfbedeckung mussten Juden ab 1267, nach einer Kirchenversammlung in Wien, als Erkennungszeichen tragen. Dieses Detail deutet auf die judenfeindliche Haltung hin, die ab dem Mittelalter weite Teile der katholischen Kirche bestimmte. Die Herrscher wurden von der Kirche gezwungen, strenge Gesetze gegen Juden zu erlassen: Diese mussten den Pfarrern eine eigene Steuer, genannt Zehent, zahlen, sie durften nicht in der Stadtverwaltung arbeiten, keine Bäder und Gasthäuser aufsuchen und keine christlichen Dienstboten einstellen. Außerdem durften Juden nicht im Handel, Gewerbe oder in der Landwirtschaft arbeiten, und kranken Christen war es verboten, jüdische Ärzte aufzusuchen.

1643, so heißt es von einem anonymen Verfasser in dem 1878 im Verlag Hartleben erschienen Buch *Der Wiener Stefans-Dom und seine Sehenswürdigkeiten*, wurde am Stock im Eisen-Platz

Ein „archäologisches Rätsel" (Anton Mailly): Der so genannte „Dornaus-zieher" wurde um 1700 noch als „Steinmetzjunge" bezeichnet; Mailly vermutet in der Figur einen „bekehrten Heiden".

unter Trommelwirbel ausgerufen, dass Juden an Sonn- und Fei-ertagen nicht in die Stadt gehen dürften.

Bis 1830 war es sogar Sitte, am Karfreitag um sieben Uhr mor-gens vor dem Stephansdom, und zwar am Fürstenhügel des Ste-phansfreithofs, eine Puppe aus Stroh anzuzünden – dieser Volksbrauch wurde „JUDVERBRENNEN" genannt.

Und 1927 hieß es im Parteiprogramm der Christlich-Sozialen: „… wir kämpfen gegen den zersetzenden jüdischen Einfluss auf wirtschaftlichem und geistigem Gebiet." 1933 schrieb der Bischof von Linz, Johannes Maria Gföllner, in dem Hirtenbrief „Über den wahren und falschen Nationalsozialismus": *Die Brechung jüdischen Einflusses ist strenge Gewissenspflicht eines jeden überzeugten Christen.* Das Schriftstück erlangte eine Auflage von 35.000 Stück.

Vor dem Riesentor fanden in früherer Zeit neben dem „Judverbrennen" aber auch noch weitere Akte der Demütigung statt: Es gab eine öffentliche Busse vor der Kirchentür, die vor allem weiblichen Personen, „die sich gegen die Sittlichkeit vergangen hatten", auferlegt wurde. Die Frauen mussten in Lumpen gehüllt, barfuß mit einem Strohkranz in der Hand oder auf dem Kopf, vor der gaffenden Volksmenge ihre Vergehen eingestehen und danach die Schwelle des Kircheingangs mit dem Stroh abreiben. Unter Kaiserin Maria Theresia wurden die Prostituierten, welche die „Keuschheitskommission" in Ausübung ihrer Dienste erwischte, bis auf ihr Hemd entkleidet und so zum Stephansdom geführt. Während die Mädchen in Säcken steckten, die unter dem Kinn zugebunden waren, schnitt ihnen der Henker das Haar bis auf die Haut ab, bestrich die kahlen Schädel mit Teer und stellte sie vor den johlenden Zuschauern an den PRANGER vor das Hauptportal. Später verluden Männer die jungen Frauen auf Schubwagen, transportierten sie bis zum nächsten Grenzstein und verjagten sie mit Beschimpfungen und Fußtritten aus der Stadt. Manchmal wurden die Prostituierten auch ausgepeitscht – hatten sie beispielsweise einen Kunden mit einer Krankheit angesteckt, bezahlten sie dafür mit 30 Hieben.

An der Westfassade befinden sich aber auch noch weitere Figuren, und zwar der gesteinigte heilige Stephanus mit einem Stein in der Hand, der verbrannte heilige Laurentius, der einen Rost hält, und der Erzengel Michael, der den nach Westen blickenden Teufel zu Boden drückt.

Die Menschen im Mittelalter dachten, das Böse kommt vom Westen her, da dort die Sonne untergeht, daher versuchten sie die dunklen Mächte mit Darstellungen von Dämonen und Bestien zu vertreiben – es wurde also Gleiches mit Gleichem bekämpft. War das Böse bereits zu nahe, sollte es sich in der „Dämonenfalle", in den großen Radfenstern des Riesentors, verfangen und so aufgehalten werden.

Außerdem sind an der Fassade des Hauptportals noch Christus als Weltenrichter, auf einem Regenbogen in einem von Engeln gehaltenen Heiligenschein, die 12 Apostel sowie die Evangelisten Markus und Lukas, außerdem viele Familienmitglieder der Babenberger und Habsburger, die den Kirchenbau unterstützt haben, zu sehen.

Doch auch die beiden anderen Tore im Süden und im Norden sind mit verschiedensten Figuren geschmückt. Im Singertor sind Reliefs mit Szenen aus dem Leben des Apostels Paulus in Stein gemeißelt: Taufe, Enthauptung und Bekehrung. Im Bischofstor sind der Tod, die Auferstehung und die Krönung Marias zu sehen.

In den Innenräumen des Stephansdom sind zuerst einmal drei besondere Marienfiguren zu erwähnen: die „Dienstbotenmadonna", die „Himmelpförtnerin" und die „Schutzmantelmadonna".

Um 1320 wurde die „DIENSTBOTENMADONNA" am Pfeiler in der südlichen Turmhalle geschaffen, sie ist die bekanntest, älteste und schönste aller Skulpturen. Eine Sage aus dem 17. Jahrhundert möchte den Namen dieser Heiligen erklären, auch wenn davon ausgegangen wird, dass sie höfischer oder kirchlicher Herkunft ist und sich immer schon im Dom befunden hat.

Einst stand die schöne Madonnenfigur in der Hauskapelle der reichen Wiener Gräfin Gertrude von Ramshorns. Als die adelige Dame eines Tages eine wertvolle Perlenkette vermisste, beschuldigte sie ihre Dienstmagd, das Schmuckstück gestohlen zu haben. Weinend lief das Mädchen in die Kapelle und flehte die Muttergottesstatue um Hilfe an, damit ihre Unschuld ans Tageslicht käme. Die Gräfin ließ Wachmänner kommen, damit sie die Magd einsperren, doch die hatten Mitleid mit dem Mädchen und ließen alles durchsuchen, bis sich die Kette bei einem Reitknecht fand. Als Reue, dass sie vorschnell geurteilt hatte, schenkte die Gräfin die Madonna der Wiener Stephanskirche.

Seit dieser Zeit ist diese Statue Zufluchtsstätte für alle geplagten Dienstboten und Haushaltshilfen.

Eine weitere Marienfigur steht in der Eligiuskapelle, und zwar die im Jahr 1330 entstandene „Hausmuttergottes" oder „HIMMELPFÖRTNERIN". Es handelt sich dabei um eine Madonna, die in der rechten Hand einen großen Schlüssel hält. Sie stammt aus dem 1783 aufgehobenen Himmelpfortkloster, das sich im heutigen neunten Wiener Gemeindebezirk Alsergund befand.

Wo heute die Rauhensteingasse in die Himmelpfortgasse mündet, stand einst ein Frauenkloster.

Dort lebte einst ein armes Waisenkind mit Namen Agathe, das unter der Erziehung der Klosterfrauen zu einer frommen Nonne heranwuchs, der bereits in jungen Jahren das verantwortungsvolle Amt einer Pförtnerin übertragen wurde.

Eines Tages begann die schöne, junge Frau Nacht für Nacht von einer grünen Wiese und fröhlich tanzenden Paaren zu träumen, die ihr auffordernd zuwinkten – es war das Böse, das sie verführen wollte. Die Nonne beschloss, das düstere Kloster zu verlassen und in die weite Welt hinauszugehen, den Schlüssel zur Pforte legte sie in der Kapelle der Muttergottes zu Füßen.

Agathe wanderte zum Kärntnertor hinaus, über den Semmering, bis sie erschöpft in einer Schmiede eine Bleibe fand. Der junge Handwerker und seine Mutter nahmen sie liebevoll in ihrem Häuschen auf, und so blieb die junge Frau, deren Geheimnis nur die alte Hausherrin kannte. Bald heirateten die Nonne und der Schmied und bekamen viele Kinder. Doch dann wütete die Pest im Land und raffte Agathes gesamte Familie dahin, gleich darauf brannte auch das Häuschen nieder.

Verzweifelt lief die junge Frau zum Kloster zurück, um dort reumütig Zuflucht zu finden. Nach einem langen Marsch erreichte sie das vertraute Gemäuer und sank erschöpft vor der Pforte nieder. Da trat die Muttergottes aus dem Tor und sprach: „Tritt ein, Agathe. Nun kennst du Freud und Leid dieser Welt. Ich wusste, dass du zurückkommen würdest und habe die Pforte für dich bewacht." Sie überreichte der jungen Frau den Schlüssel und verschwand. Als Agathe bei der Oberin des Klosters um Verzeihung für ihr Fortbleiben bitten wollte, sagte diese verwundert: „Mein Kind, du warst doch nie weg, hast immer treu dein Amt versehen." Da wusste die junge Nonne, dass tatsächlich die Muttergottes in ihrer Gestalt den Pfortendienst versehen hatte. Sie gestand alles und brach gleich darauf vor Erschöpfung tot in den Armen der Oberin zusammen.

Seit dieser Zeit wurde die Madonna hoch verehrt.

Zuflucht und Mutter für alle Kinder: die Schutzmantelmadonna an der Südseite des Mittelchors.

Die Verehrung der Statue gewann noch an Intensität, als im Jahre 1679 die Pest zahlreiche Opfer in Wien forderte und einzig die Bewohner des Klosters allesamt verschont blieben.

Als Joseph II. gegen Ende des 18. Jahrhunderts viele Klöster schließen ließ, da sie für ihn als „Quelle des Aberglaubens" und des „religiösen Fanatismus" galten, übersiedelte die „Himmelpförtnerin" in den Stephansdom.

Die dritte im Bunde ist die „SCHUTZMANTELMADONNA", die an der Südseite des Mittelchors zu finden ist – sie wurde zwischen 1446 und 1465 in der Dombauhütte geschaffen. Auf ihrem Arm sitzt ein Baby, 12 weitere kleine Kinder, betend mit geschlossenen Augen, befinden sich unter ihrem Mantel. Dieses Motiv geht auf den Brauch zurück, wonach Kinder bei einer Adoption, ebenso wie Verfolgte, zum Schutz unter einen langen Umhang oder Mantel genommen wurden.

Unter den insgesamt 93 Mariendarstellungen im Dom gibt es auch noch zwei weitere Schutzmantelmadonnen, die jedoch später entstanden sind.

Die Skulptur einer Seligen aus neuerer Zeit, wenngleich diese mit den grotesken Zügen gar nicht so recht zu den ansonsten eher lieblichen Darstellungen weiblicher Wesen im Dom passt, befindet sich seit Mai 2009 in der Barbarakapelle.

Es handelt sich um das kreuzförmig gestaltete Porträt der von Papst Johannes Paul II. 1998 seliggesprochenen Ordensfrau MARIA RESTITUTA, die als erste österreichische Märtyrerin gilt, geschaffen vom Bildhauer Alfred Hrdlicka.

Die als Helene Kafka 1894 in Hussowitz bei Brünn geborene Nonne vom Orden der Hartmannschwestern wurde am 30. März 1943 von den Nationalsozialisten hingerichtet; ihr Leichnam gegen den ausdrücklichen Wunsch der Kirche anonym am Wiener Zentralfriedhof verscharrt.

Maria Restituta war des „Hochverrats" bezichtigt worden, nachdem sie sich geweigert hatte, im Krankenhaus Mödling, wo sie zuletzt als Oberschwester der chirurgischen Abteilung ihren Dienst versah, die Kruzifixe in den Patientenzimmern durch Hakenkreuze zu ersetzen.

Außerdem wurden ihr ihre selbstverfassten regimekritischen Texte, darunter ein Spottgedicht auf die Nationalsozialisten, zum Verhängnis.

Schwester Maria Restituta wurde 1943 wegen „Hochverrats" von den Nazis hingerichtet. Büste von Alfred Hrdlicka in der Barbarakapelle.

Im Jahr 1919 begann die Nonne Maria Restituta im Krankenhaus Mödling zu arbeiten und verschaffte sich dort durch Ordnungssinn, fachliche Souveränität und energische Durchsetzungskraft den nötigen Respekt, wobei aber auch Humor, Natürlichkeit und Schlagfertigkeit zu ihren Stärken zählten. „Schwester Resoluta", wie sie vom Rest des Personals genannt wurde, war eine auffallende Erscheinung: Mit ihren fast 100 Kilogramm rannte sie in der weißen Schwesterntracht durch die Straßen, obwohl dies vom Orden verboten war, um das eine oder andere lebensrettende Medikament zu überbringen. Maria Resistuta setzte sich aber auch für die gleiche Behandlung aller Patienten, unabhängig von ihrer Abstammung, ein und sorgte unter anderem dafür, dass auch „minderwertige Zwangsarbeiter" im Notfall eine Bluttransfusion erhielten.

Nach einer schwierigen Operation saß die lebenslustige Frau aber auch gern im Gasthaus einer befreundeten Wirtin und gönnte sich ein Gulasch und einen Krug Bier.

Als nach dem Anschluss 1938 auf Befehl die Kreuze von den Patientenzimmern entfernt worden waren, brachte sie diese zurück und hängte sie eigenhändig Zimmer für Zimmer wieder auf.

Am 8. Dezember 1941 wurde Maria Restituta von einer Angestellten des Krankenhauses dabei belauscht, als sie ein österreich-

patriotisches, in Widerstandskreisen zirkulierendes „Soldatenlied"
zur Abschrift diktierte, das sie von einer weltlichen Rotkreuzschwester erhalten hatte. Die Nonne gab an, nachdem sie beim SS-Arzt
Dr. Lambert Stumfohl verraten worden war und danach verhört
wurde, den Überbringer des Spottgedichtes nicht zu kennen, womit
sie der Rotkreuzschwester das Leben rettete. Kollegen von Maria
spielten dem Arzt zur gleichen Zeit außerdem zwei regimekritische
Texten zu, die Schwester Restituta verfasst hatte.

Am Aschermittwoch, dem 18. Februar 1942, wurde die Ordensfrau von der Gestapo Mödling verhaftet und nach einigen Misshandlungen im Polizeigefangenenhaus Elisabethpromenade (heute:
Rossauerlände) am 6. März ins Landesgericht im 1. Bezirk eingeliefert. Mithäftlinge haben berichtet, dass Maria Restituta selbst
hinter Gitter an ihrem Glauben und an ihrer Aufgabe, Menschen
zu helfen, festhielt. So habe sie zum Beispiel ihre Kartoffeln stets
einer Schwangeren zur Milderung der Mangelerscheinungen gegeben oder schriftliche Nachrichten von Gefangenen an Mithäftlinge
oder an die Außenwelt in ihren Strümpfen geschmuggelt.

Am 29. Oktober 1942 erfolgte das Todesurteil „wegen landesverräterischer Feindbegünstigung und Vorbereitung zum Hochverrat".
Mehrere Gnadengesuche, darunter das des Wiener Kardinals Theodor Innitzer vom 25. November 1942, wurden mit der Begründung, „aus Abschreckungsgründen muss die Todesstrafe vollzogen
werden", abgelehnt.

Am 30. März 1943 wurde Maria Resistuta Kafka zwischen 18
und 19 Uhr im Wiener Landesgericht hingerichtet. Am selben
Abend starben innerhalb einer Dreiviertelstunde, im Takt von zwei
bis drei Minuten, 18 weitere Menschen durch Enthauptung, darunter auch sechs kommunistische Straßenbahnfahrer. Die Männer
hatten „das Verbrechen begangen", einem kommunistischen Kollegen bei dessen Begräbnis die letzte Ehre zu erweisen.

Die Guillotine wurde an diesem Tag von dem berüchtigten bayrischen Scharfrichter Johann Reichhart bedient, der als meistbeschäftigter Henker Deutschlands galt und, so bescheinigten ihm seine
Gehilfen, bei den Hinrichtungen mit dem Fallbeil „stets das für
den Einzelfall optimale Messer" herauszufinden gewusst habe.

Doch vielen Gläubigen gefällt die Skulptur der Ordensfrau ganz
und gar nicht:

„Am Mittwoch wird das nächste Skandal-Machwerk des Stalinis-
ten, Pornographen und Gotteslästerers Alfred Hrdlicka in der Erzdiözese Wien für Aufruhr sorgen… Die Hrdlicka-Blasphemie hat
keine Ähnlichkeit mit der Seligen. Sie zeigt vielmehr eine Hexen-
fratze, die über zwei entblößten Riesenbrüsten hervorlugt."
Quelle: www.kreuz.net

AUS DEM „SOLDATENLIED", DAS MARIA RESTITUTA DAS LEBEN KOSTETE:

Erwacht, Soldaten, und seid bereit,
Gedenkt Eures ersten Eids.
Für das Land, in dem ihr gelebt und geboren,
Für Österreich habet ihr alle geschworen.
(...)
Wir Österreicher, auf uns gestellt,
Hatten Frieden und Freundschaft mit aller Welt.
Die Welt vergiftet mit ihrem Hass,
Sie machen sich jedes Volk zum Feind,
Sie haben die Welt gegen sich vereint.
Die Mütter zittern, die Männer bangen,
Der Himmel ist schwarz mit Wolken verhangen.
Der schrecklichste Krieg, den die Menschheit gekannt,
Steht furchtbar vor unserem Heimatland.
Es droht uns Elend und Hungersnot,
Der Männer und Jünglinge Massentod.
Kameraden, trotzt dem verderblichen Wahn,
Was gehen uns die Händel der Preußen an.
Was haben uns die Völker getan?
Wir nehmen die Waffen nur in die Hand
Zum Kampf fürs freie Vaterland.
Gegen das braune Sklavenreich,
Für ein glückliches Österreich!

GÖTTLICHE UND ANDERE STRAHLUNGEN

FELDER DER KRAFT UND ORTE DER BESINNUNG

Orte werden zu beseelten Orten, weil es etwas gibt, mit dem Menschen in Resonanz treten, sei es von Menschenhand geschaffen oder einfach von Natur aus so. Manchmal reicht ja ein Spaziergang in die umliegenden Wiesen und Wälder, um beseelte Orte zu finden, an denen man gern länger bleiben möchte … Manchmal entsteht ein beseelter, besonderer Ort erst dadurch, dass er sich mit dem Wissen um vergangene Ereignisse verbindet. Das ist dann vor allem Imagination, die diesen Ort beseelt."

Ingrid Riedel, geb. 1935, Psychotherapeutin, Professorin für Psychologie und Dozentin in Deutschland und in der Schweiz

Der Stephansdom steht auf einem Platz, auf dem im römischen Vindobona unsere „heidnischen" Vorfahren höchstwahrscheinlich kultische Riten zelebrierten, Weissagung betrieben und Orakel befragten. An der Stelle des heutigen Westwerkes und am benachbarten Rossmarkt wurden am 26. Dezember, heute der Gedenktag des heiligen Stephanus, WEISSE PFERDE rituell geopfert und ihre Köpfe ein halbes Jahr später zur Sommersonnenwende verbrannt. Vor der Opferung der Pferde, die bei unseren keltischen Ahnen als orakelkundige „Mitwisser der Göttinnen" galten, wurden diese in den heiligen Hainen gehalten und zu Weissagungs-Ritualen beim Eintritt in eine neues Jahr herangezogen.

Es liegt auch nahe, dass der heutige STEPHANSPLATZ hauptsächlich aufgrund von geomantischen und radiästhetischen Untersuchungen des Strahlenmilieus für den Bau des Doms ausgesucht wurde. Bei der Geomantic, der Kunst, natürliche Energieströme und Energiezentren in die Landschaftsgestaltung und Architektur mit einzubeziehen, handelt es sich nämlich keineswegs um eine moderne Wissenschaft, sondern um altes Wissen und um den Urinstinkt des Menschen, „gute Plätze" optimal zu bebauen.

In Europa nutzte man diese Kunst der Schaffung eines kosmisch-terrestrischen Gleichgewichts ab dem 12. Jahrhundert, schon damals wurde angeblich kein öffentliches Gebäude, wie auch Kirchen oder Klöster, errichtet, ohne die Stelle vorher geomantisch untersuchen zu lassen. Das Geheimnis der Dombauhütten besteht, so wird zumindest von Nichteingeweihten behauptet, zum Großteil aus geomantischen und radiästhetischen Kenntnissen.

Natürlich gibt es keinerlei Beweise für diese Annahmen, auch nicht für die Wirkung bestimmter Strahlungen auf den menschlichen Organismus.

Ob die Stelle nun aus geomantischer Sicht optimal ist oder nicht: Von dem unmerklich erhöhten Stephansplatz, als absolutes Zentrum von Wien, blickt der Stephansdom stolz auf seine Stadt – er war von jeher nicht nur Stätte des Glaubens, sondern auch Zufluchtsort für Notleidende, spendete den Menschen Trost und Zuversicht und stärkte ihr Vertrauen in das Gute.

Im Mittelalter verstanden die Menschen ihre Kirchen als „Gottesburgen", als eine Art Energie-Ladestation, wo ungestört dem Alltag entflohen und Kraft gesammelt werden konnte, abgeschirmt von allem Bösen, das in der „Außenwelt" auf einen wartet, bereit, jederzeit zuzuschlagen.

Schon an der Bauweise einer Kirche ist erkennbar, mit welchen architektonischen Tricks der Teufel und seine Dämonen am Eindringen in die heiligen Hallen gehindert werden sollten, damit der Gläubige zur Ruhe kommen konnte. Der Stephansdom zeigt seine mächtige WESTFASSADE der Himmelsrichtung, in der die Sonne untergeht, dort, wo die Dunkelheit und somit Tod und Verderbnis lauern. Er beweist mit seiner uneinnehmbar scheinenden Front und den unzähligen dort befindlichen symbolhaften Gestalten in Form von Abwehrdämonen und Ähnlichem, dass er bereit ist, dem Bösen die „Stirn zu bieten".

Zusätzlich abschreckend wirken sollen die hohen Türme, die wie drohend ausgestreckte Zeigefinger dem Teufel untersagen, den Ort der absoluten Christlichkeit zu betreten.

Allerdings war St. Stephan früher kein Platz, an dem sich Menschen der Gegenwart wohlgefühlt hätten – er spiegelte mit seinem finsteren Innenraum aufgrund dunkler Fenstergläser das Motto des Mittelalters wider: *Media vita in morte sumus*, was in etwa *Mitten im Leben sind wir vom Tod umgeben* bedeutet. Heute sind alle Gläser hell, nur noch die Fenster hinter dem Hauptaltar stammen aus dem Mittelalter. Dass sie im Zweiten Weltkrieg nicht zerstört wurden, ist einzig und allein dem damaligen Leiter der Bauhütte zu verdanken, der 1939 alle Fenster abmontieren und in Sicherheit bringen ließ.

Doch auch wenn das Innere der Kirche heute freundlicher und moderner ist als noch vor einigen Jahrhunderten, die Kraftplätze sind dieselben wie damals.

Natürlich ist es mit diesen exakt lokalisierten Stellen, die als Energielieferanten, als Seelentröster oder Beruhigungsmittel dienen sollen, generell so eine Sache, da die Empfindungen individuell verschieden sind – ein Ort, der auf den einen vitalisierend und aufbauend wirkt, macht den anderen ruhiger und ausgeglichener, der dritte spürt überhaupt nichts und fühlt sich zu Hause im bequemen Ohrensessel vor dem Kamin, an seinem persönlichen „Kraftplatz", am wohlsten und kann dort am besten entspannen.

Und doch gibt es im Stephansdom offensichtlich einige genau definierte, fixe ENERGIEFELDER, die von der Mehrheit der Menschen, bewusst oder unbewusst, wahrgenommen werden. Daneben existieren mit Sicherheit allerdings auch noch viele andere, die nur rein subjektiv als solche empfunden werden. Fest steht, dass einige bestimmte Plätze im Dom eine große Faszination auf seine Besucher auszuüben scheinen und sie wie ein Magnet anziehen.

Ich habe mich ziellos treiben lassen und bin ganz von alleine an einen Punkt gelangt, an dem ich mich wohler fühlte als an jeder anderen Stelle im Dom. Es war, als hätte mich ein unsichtbares Wesen an der Hand genommen und dorthin geführt, als würde ich von einer unbestimmten Macht gelenkt.

Der Wien-Tourist Thomas Kindler beschrieb auf diese Weise seinen Aufenthalt im Stephansdom im November 2010.

Mit Gott, Glauben oder Religion hat die Wirkung dieser Orte – oder das Gefühl an einem individuellen „Kraftplatz" (wie der Ohrensessel vor dem Kamin) – freilich wenig bis gar nichts zu tun, sondern mit Empfindungen, Erfahrungen und Erinnerungen, eigenen, oder fremden, welche die Energie dieser bestimmten Stelle ausmachen. An manchen Orten potenziert sich auch die Energie vieler Leute, lebender, wie toter, negative wie positive, die dann ein sensibler Mensch umso stärker wahrnehmen kann.

Andere Menschen erklären sich die positiven oder negativen Schwingungen auch mit physikalischen oder natürlichen Gegebenheiten, wie etwa mit elektromagnetischen Wellen und unterirdischen Wasseradern. Ebenso spielt die mystische Stimmung in einer Kirche eine Rolle, welche dem Empfinden durchaus einen Streich spielen kann: die einen beim Betreten des Doms umfangende Stille im Gegensatz zum Geräuschpegel im hektischen Stadtkern, ein plötzlicher Lichteinfall, der zufällig auf eine Mariendarstellung trifft, oder das Wissen um die geschichtsträchtige Vergangenheit der alten Mauern.

Bei Charakterisierung der bestimmten Energieplätze durch Leute, die sich zum Aufspüren derselben berufen fühlen und sich auf ihre Ortung spezialisiert haben, wurde Folgendes festgestellt: Einige dieser Stellen oder ganzen Zonen werden als aufbauend, belebend oder aktivierend empfunden, andere wiederum als erdend, stresslösend oder beruhigend.

Laut übereinstimmender Aussagen befindet sich beispielsweise ein aktivierendes Feld im Zentrum des Mittelchors, ein beruhigender Punkt soll in unmittelbarer Umgebung des Gnadenbildes der Maria Pócs liegen.

Des Weiteren gibt es angeblich zwei intensive Energiepunkte beim Hochalter und bei der Kanzel, auf der allerdings seit dem Zweiten Vatikanischen Konzil nicht mehr gepredigt werden darf. Doch es scheint logisch, dass sie an einer energetisch interessanten Stelle gebaut wurde, beispielsweise auf einem unterirdischen Wasserlauf, womit auch der Symbolik genüge getan wäre: Die Energie muss fließen, so wie die Worte einer Predigt durch den Raum strömen sollen, um alle Zuhörer zu erreichen.

WASSERLÄUFE erzeugen außerdem elektromagnetische Felder im Erdreich, die belebend und kräftigend auf den menschlichen Organismus wirken (was die christliche Ansprache ja umso wirkungsvoller machen würde) – das zumindest wird von Radiästhesisten behauptet.

Tatsächlich konnte durch wissenschaftliche Untersuchungen oberhalb unterirdischer Wasserläufe oder -adern jedoch keine Veränderung des Erdmagnetfeldes festgestellt werden. Doch oft ist ja auch der Glaube an eine energetisierende Wirkung verantwortlich für mehr Wohlbefinden, und das alleine zählt (egal ob jemand in einer Kirche, oder allein im Wald steht) – schließ-

Trost und Kraft durch das Gebet: Andacht in St. Stephan. Gemälde von Josef Gisela, um 1885.

lich handelt es sich dabei um dasselbe Phänomen wie das der Religion: Gott ist dort, wo man an ihn glaubt.

Auch der **HOCHALTAR** soll angeblich die Geister beleben, die irdischen natürlich nur. Der Stephansdom ist so ausgerichtet, dass am 26. Dezember, am Namenstag des Heiligen Stephanus, die ersten Sonnenstrahlen auf den Altartisch fallen. Beobachter dieses Spektakels beschreiben es folgendermaßen:

Fällt das morgendliche Sonnenlicht, zuerst zaghaft, dann strahlend, auf den wunderschönen Barockaltar, wird der Zuschauer Zeuge eines wahrhaften Mysteriums: Es entsteht eine Vereinigung von Himmel und Erde, der gleißende Strahl ist das dünne Band, das die beiden Welten verbindet. Und der Priester nimmt die durch dieses Wunder entstandene Kraft in sich auf, er empfängt die Botschaft und gibt sie an die Gläubigen weiter.

Ebenso steht womöglich die „Dienstbotenmadonna" auf einem vitalisierenden Wasserlauf, denn sie wirkt laut Aussagen einiger Domkenner und -gäste ebenfalls aufbauend auf die Menschen. Vielleicht ist die „Ausstrahlung" dieser Statue aber auch damit zu erklären, dass sie die symbolische Figur für all jene war, die unter ihren Herren und Herrinnen zu leiden hatten oder von ihnen zu Unrecht beschuldigt wurden. Die „Dienstboten" fühlten sich von der Muttergottes getröstet und aufgebaut, es entstand eine Energie, die sich bis heute auf die Besucher der Dienstbotenmadonna überträgt. Andere meinen, dass das Wasser unter der Erde als Informationsspeicher die Botschaft der Statue aufgenommen hat und immer wieder weitergibt.

Auch die Eligiuskapelle ist laut den „Kraftortexperten" ein Platz positiver Energie, dieses Mal aber der beruhigenden. Hier sollte versucht werden, die tiefe Stille körperlich zu spüren, die eigene Mitte zu finden und sich auf ein „inneres Gespräch" mit sich selbst einzulassen.

Ein weiterer Kraftplatz befindet sich angeblich unter der 1388 erbauten, 1781 abgebrannten und danach abgerissenen Magdalenenkirche, der früheren Friedhofskapelle von St. Stephan und Versammlungsort der Wiener Schreiberzeche, deren Grundriss im Straßenpflaster auf dem Stephansplatz sichtbar gemacht wurde: die Virgilkapelle.

Bei U-Bahn-Grabungen im Jahr 1973 (im Zuge derer sich der Stephansdom übrigens immer mehr zur Seite neigte – zum Glück konnte ein weiteres Absinken noch rechtzeitig verhindert werden) stießen Bauarbeiter auf einen unterirdischen, sakralen Raum, das älteste und tiefste „Geschoß" der Maria-Magdalena-Kapelle.

Die **VIRGILKAPELLE** liegt, etwas versetzt, etwa 12 Meter unter dem Stephansdom, und ist der größte erhaltene gotische Innenraum der Stadt Wien. Ihre Entstehungszeit als *capella subterranea* wird auf die Zeit um 1240 datiert, wahrscheinlich war sie ursprünglich als Begräbniskapelle gedacht. Es wäre möglich, dass Friedrich II., „der Streitbare", die Kapelle als mögliches Grabmal für den irischen Pilger **KOLOMAN** errichten ließ.

Bereits Mitte des 14. Jahrhunderts wurde sie zur privaten Gruft der wohlhabenden Wiener Kaufmannsfamilie Chrannest umgewidmet, die einige Altäre errichten ließ, wovon einer dem Heiligen Virgil gewidmet war.

Energie potenziert sich durch Licht und Architektur:
die von Johann M. Kauffmann erbaute Orgel auf der Westempore.

Virgil, geboren um 700 n. Chr. in Irland, verließ seine Heimat um 742 und wurde um 750 zum Bischof von Salzburg geweiht. Als bedeutender Universalgelehrter erhielt Virgil den Beinamen „Geometer". Ihm verdankte, durch seine Förderung des Kunsthandwerks, Salzburg die erste kulturelle Blütezeit seit dem Untergang des Römischen Reiches.

Nach dem Aussterben der Familie Chrannest zu Beginn des 16. Jahrhunderts ging die Virgilkapelle in den Besitz der Kaufmannbruderschaft und der neu gegründeten Fronleichnamsbruderschaft über und wurde seitdem als Versammlungsraum genutzt.

Im 17. Jahrhundert diente sie erneut als Grabstätte.

Bei dem 10,5 Meter langen und sechs Meter breiten Raum handelt es sich um ein zweijochiges Rechteck mit sechs bis zu fast neun Metern hohen Nischen – je eine an der schmalen und je zwei an der langen Seite – und einem Kreuzrippengewölbe. Die Wände der Kapelle bestehen aus mit Mörtel verbundenem Leithakalkstein und sind bis zu eineinhalb Meter dick, der Fußboden besteht aus Lehmstampf. In der Ostnische befindet sich eine Zisterne, deren Funktion bis heute nicht geklärt werden konnte, und die Wand ist dekoriert mit Zeichnungen von byzantinischen Radkreuzen, die dem Templerorden zugeordnet werden, außerdem mit dem Bild eines menschlichen Gesichts.

Es wird angenommen, dass der Raum nur mittels Falltür durch die Maria-Magdalena-Kapelle betreten werden konnte.

Im Zuge der Renovierungsarbeiten nach ihrer Entdeckung wurde die Virgilkapelle statisch gesichert, sie erhielt einen Eingang und ein Sichtfenster, durch das man in der U-Bahn-Station Stephansplatz auf sie hinunterblicken kann. Dort befindet sich an der Wand ein Tatzenkreuz, das uralte Symbol der Templer.

Der Raum strahlt eine sehr tiefe Ruhe aus, was daran liegen wird, dass er sich abgeschlossen von der Umwelt unter der Erde befindet. Der 2006 verstorbene österreichische Theologe und Autor Franz Jantsch begründet die berührende Energie und den deutlich spürbaren Frieden allerdings damit, dass die Virgilkapelle den Mittelpunkt des ehemaligen Kultbezirks, das alte Herz der Stadt, darstellt.

Besucher der Kapelle erzählen begeistert von der Mystik und der geheimnisvollen Ausstrahlung des Gemäuers, von der extrem starken und äußerst inspirierenden Energie – einige fühlten sich davon jedoch regelrecht überfordert und mussten die Kapelle verlassen.

Zuletzt kann der Stephansplatz inklusive Dom auch noch astrologisch betrachtet werden, um vielleicht gewisse Kräfte zu erklären, obwohl dieser Ansatz ebenfalls äußerst spekulativ ist. Aber wer an den Energiefluss durch Erdstrahlung glaubt, oder doch gar an eine göttliche Macht, kann dieselbe Kraft auch den Sternen zugestehen und diese Deutung ernst nehmen.

Wien generell hat einen Waage-Aszendenten, was heißt, dass die Stadt über eine ganz besondere Ausstrahlung verfügt, welche die Menschen verzaubert – sie wirkt einladend und freundlich auf jeden, der sich auf sie einlässt.

Es könnte sogar sein, dass die Gründung von Vindobona nicht nur nach strategischen, sondern auch nach astrologischen Gesichtspunkten erfolgte. Der Name der keltischen Siedlung, später Römerlager, wurde urkundlich erstmals 6 n. Chr. erwähnt, den genauen Zeitpunkt der Niederlassung von Menschen an dieser Stelle hat der ungarische Astrologe Sándor Belcsák auf den 19. August, acht Uhr 28, festgelegt. Das spätere Wien ist also im Sternzeichen Löwe „geboren" und somit laut den Eigenschaften der Tierkreiszeichen majestätisch, großzügig, künstlerisch begabt und kreativ, aber auch eitel, dominant, herrsch- und genusssüchtig.

Und da der Stephansdom die Stadtmitte darstellt, treffen all diese Aspekte natürlich auf ihn verstarkt zu – und die Sterne lügen nie!

LEICHEN UND RELIQUIEN

TOD, ELEND UND KATASTROPHEN, ABER AUCH HOFFNUNG

Als gesellschaftlicher und religiöser Mittelpunkt Wiens war der Stephansdom Zeuge vieler wundersamer und glücklicher Momente, sah aber auch viel Elend über die Stadt hereinbrechen. Er musste Feuerkatastrophen, welchen er selbst auch mehrmals zum Opfer fiel, miterleben, Belagerungen, Kriege, Religionskämpfe und Seuchen.

Vielleicht war es ein böses Omen, dass Teile des früher die Kirche umgebenden „STEPHANSFREITHOF" – im Jahr 1255 erstmals erwähnt – zu Beginn des 14. Jahrhunderts dem Chorbau des Doms weichen mussten. Es wurden dafür auch einige Häuser abgerissen, und einer der Keller wurde zum ersten Raum der „alten Cruften", der sich heute unter einem Teil des Chors befindet, umfunktioniert.

Der verbleibende Teil des Friedhofs rund um den Dom konnte durch fünf Tore, das Mesner-, das Schuler-, das Singer- oder Hüttentor, das Rauber- und das Zinnertor, welche im Morgengrauen geöffnet und in der Abenddämmerung wieder geschlossen wurden, betreten werden. Es wurde allerdings nur ein bestimmter Bereich des Platzes als Begräbnisstätte verwendet – im Rest der Anlage konnten die Sonntagsspaziergänger flanieren, nicht selten trieben sich dort aber auch, vor allem nach Einbruch der Dunkelheit, mehr oder weniger zwielichtige Gestalten herum. Die „Würfelspieler" beispielsweise trafen sich gerne am Friedhof, da sie dort ungestört ihrer „liederlichen" Beschäftigung nachgehen konnten. Es ist allerdings auch überliefert, dass einige der Wiener Mönche ebenso diesem Laster frönten, obwohl das Würfeln als Glücksspiel von der Kirche verboten worden war, und sich dazu hin und wieder ebenfalls in die dunklen und selten frequentierten Ecken des Platzes zurückzogen. 1296 wurden die „Lotterbuben" dann aus allen Friedhöfen verbannt – ob die frommen Gottesmänner bleiben und weiterwürfeln durften oder überhaupt jemals beim Spielen erwischt wurden, ist jedoch nicht bekannt.

Die Begräbnisstätte bestand aus acht hügelig angelegten Gräberfeldern, „BÜHEL" genannt, zwischen welchen Wege hindurchführten. Oft fanden auf dem Friedhof allerdings auch gesellschaftliche Ereignisse statt, Albrecht VI. beispielsweise liebte es, vom „Fürstenbühel" hinab zu seinem Volk zu sprechen. Auf dem „Palmbühel" wurde am Palmsonntag die traditionelle Palmzweigweihe durchgeführt.

Fraglich ist und bleibt jedoch, warum die Menschen damals überhaupt einen Friedhof mitten in Wien anlegten, wo doch frühere Zivilisationen, beispielsweise die Römer, ihre Toten stets aus den Städten hinausbrachten …

Die Verstorbenen wurden bis ins 18. Jahrhundert nur rund 70 Zentimeter unter der Erde vergraben, es gehörte früher also zum Wiener Stadtbild, dass Hunde, welche die Leichen ausgebuddelt hatten, mit Knochen im Maul durch die Straßen liefen.

Zum „Freithof" bei St. Stephan kursiert jedenfalls folgende Legende:

Nach dem Aberglauben der alten Zeit fand derjenige, welcher dreimal um den Stephansdom zu laufen vermochte, ehe die Mitternachtsstunde ausgeschlagen hatte, einen „Hecktaler" in seiner Tasche. Dieses Geldstück sollte ausgegeben stets wieder in die Tasche des Eigentümers zurückkehren.

Ein junger Prasser, der sein Erbgut verjubelt hatte, entschloss sich, als er sich an den Bettelstab gebracht sah, diesen Lauf zu unternehmen. In Windeseile umkreiste er den Dom, über die Grabhügel des Stephansfriedhofes laufend. Er ignorierte den Geist seines Vaters, der ihn traurig ansah, ebenso die tote Geliebte, die sich seinetwegen das Leben genommen hatte und nun warnend winkte. Er rannte und rannte, wie von Furien gehetzt, nur um das ersehnte Geldstück zu erlangen.

Aber da kam er an die Stelle, wo der „Toten-Herrgott" aufgestellt war, und hier streckte das tote Kind der von ihm verlassenen Geliebten das Ärmlein aus seinem Grabe hervor, packte ihn am Kleide und hielt ihn so fest, dass er nicht mehr weiterkonnte. Vergeblich versuchte er sich loszureißen – es schlug zwölf Uhr – und tot stürzte der Wüstling über das Grab seines Kindes hin.

Am meisten fürchteten sich die Menschen früher davor, lebendig begraben zu werden. Doch sogar noch im Jahr 1904 gab es insgesamt 150 dokumentierte Fälle, bei welchen SCHEINTOTE beerdigt wurden und in ihren Särgen qualvoll erstickten. Es existierten jedoch einige technische Hilfsmittel, wie eine Glocke auf dem Grab, zu welcher eine Schnur ins Innere des Sarges führte und die bei Erwachen geläutet werden konnte, um der Situation zu entkommen. Aber auch medizinische Vorkehrungen wurden getroffen, so verfügten einige Menschen, darunter auch Johann Nestroy und Arthur Schnitzler, dass ihnen nach ihrem Ableben ins Herz gestochen werden sollte, damit sie auch sicher tot waren. In derselben Absicht befahl Hans Christian Andersen, seinem Leichnam die Pulsadern zu öffnen. Solange er lebte, legte er, wenn er schlafen ging, einen Zettel neben das Bett, auf dem stand: „Ich bin nur scheintot."

Wie viele solche Fälle es am „Stephansfreithof" gab, ist nicht mehr feststellbar, jedoch ist anzunehmen, dass es viele hunderte Menschen waren, die dort ein derart grausames Ende nahmen. Am Minoritenplatz jedenfalls wurden beim U-Bahn-Bau 1986 einige Skelette in der Krypta der Minoritenkirche gefunden, die aus dem Zeitraum 14. Jahrhundert bis Mitte 16. Jahrhundert stammten und mit dem Rücken nach oben sowie Knie und Ellbogen nach unten gestemmt lagen.

Im Deutschordenshof in der Nähe des Stephansdoms sind noch die Reste des Friedhofs zu St. Stephan zu erkennen. Die schönsten und ältesten Grabplatten fungieren hier als Wandschmuck oder Bodenplatten, somit geht der Besucher eigentlich auf alten Gräbern spazieren.

Der Stephansfreithof: Acht Gräberfelder, „Bühel" genannt, umgaben einst den Dom; hier traf man sich zu allerlei gesellschaftlichen Ereignissen.

Mitte des 14. Jahrhunderts, während der Regierungszeit von Rudolf IV., wurde die Herzogsgruft in den „alten Crufften" als Begräbnisstätte eingerichtet.

1530 verordnete Ferdinand I. ein Begräbnisverbot am „Stephansfreithof", aus sanitären Gründen, doch dieses blieb nicht lange aufrecht. Die hygienischen Zustände verschlimmerten sich immer mehr, die vielen Leichen unter dem Stadtkern verseuchten das Trinkwasser.

1647 begannen wahrscheinlich erste Umgestaltungen und Erweiterungen der Grufträume unter dem Dom.

Ab 1654 wurden dort die **EINGEWEIDE DER HABSBURGER** in Urnen beigesetzt.

1688 hat die niederösterreichische Regierung erneut auf die hygienischen Bedingungen hingewiesen, vor allem da zu dieser Zeit bereits Verwesungsgeruch aus den zu wenig tief ausgehobenen Gräbern drang. Die Toten mussten außerdem aus Platzgründen zu früh exhumiert werden, die halbverwesten Leichen wurden in die bereits vorhandenen alten Grufträume unter dem Dom geworfen, und schon bald verpestete der Fäulnisgeruch vor allem im Sommer die Luft im und um den Steffl.

Ab 1720 sind die Kellergewölbe unter dem Chor als Karner, also als „Beinhaus", verwendet worden. Zu dieser Zeit gab es erst vereinzelt Begräbnisse unter dem Dom, Aufzeichnungen in den Bahrleihbüchern im Domarchiv belegen, dass es rund 40 pro Jahr gewesen sind.

Am 25. April 1732 erfolgte die endgültige Sperre des Friedhofs durch Kaiser Karl VI., ab diesem Zeitpunkt fanden alle Beisetzungen unter dem Stephansdom statt, im ersten Jahr 119, 1733 bereits 156. Insgesamt sind 1.237 Begräbnisse in den „alten Crufften" überliefert.

Um 1742 herrschte bereits akuter Platzmangel, woraufhin unter einem Teil des Friedhofsgeländes „neue Grüfte" erbaut wurden, die allerdings erst im 19. Jahrhundert die Bezeichnung „Katakomben" erhielten.

Doch auch die großzügig erweiterte unterirdische **NEKROPOLE** änderte nichts an den für heutige Begriffe katastrophalen hygienischen Zuständen. Der Dom konnte teilweise wegen *üblen Geschmacks* nicht benutzt werden. An die 11.000 Menschen sind hier, bis zum Verbot der Leichenbestattung unter der Kirche durch Kaiser Joseph II. 1783, beigesetzt worden, jeder einzelne Name ist in den Totenbüchern des Domarchivs vermerkt. Die Kirche protestierte gegen die Entscheidung von Kaiser Karl VI., denn sie verlor dadurch viel Geld, doch auch ein Unbedenklichkeitsgutachten Gerard van Swietens, des Leibarztes von Maria Theresia, änderte nichts an dem Beschluss.

Ebenfalls im Jahr 1783 wurde der „Stephansfreithof" endgültig entfernt, an ihn erinnern heute noch an den Domwänden angebrachte Grabsteine und Totenleuchten, beispielsweise an der Außenwand der Eligiuskapelle.

Anfang des 19. Jahrhunderts glichen die KATAKOMBEN bereits einem Saustall, deshalb wurden Mönche und Sträflinge hinuntergeschickt, um Ordnung zu schaffen. Aus dem Durcheinander von teilweise oder ganz verwesten Leichen und kreuz und quer herumliegenden Knochen wurden Stapel aus menschlichen Überresten und sorgfältig aufeinandergeschichteten Gebeinen gemacht. Nachdem die Ordnung größtenteils wieder hergestellt und durch das Zur-Seite-Räumen der vielen Särge auch wieder Platz geschaffen war, konnte das Geschäft mit dem (illegalen) Katakomben-„Tourismus" beginnen.

Die britische Romanautorin und Reiseschriftstellerin Frances Trollope erlebte dort am 1. Dezember 1838 „höchst Schauri-

„Lauter Leichen und Mumien" (Adalbert Stifter): in den Katakomben, der Nekropole unter dem Dom. Aquarell von Emil Hütter, um 1870.

ges". Ihre Erlebnisse schilderte sie im 41. Brief ihres erfolgreichen Buches *Wien und die Österreicher:*

Als Eingang zu diesen Grüften dient ein unscheinbares Tor zwischen Häusern hinter der Kathedrale, welches in eine kleine und schmutzige Kammer führt, in der ein paar Weiber beim Waschen waren. Durch diese Kammer kamen wir in einen gepflasterten Hof, oder vielmehr in einen Gang, der ebenfalls schmutzig war und sich in gleichem Zustande häuslicher Benutzung befand. Am anderen Ende desselben war wieder eine Türe, von der die Stufen in die Katakomben führten …

… Statt umzukehren, wie wir es meiner Meinung nach hätten tun sollen, trieb uns der Dämon der Neugierde vorwärts. Wir stiegen die Stufen hinab, bekamen jeder ein Wachslicht in die Hand und begannen dann unsere entsetzliche Exkursion …

… Unser Zug passte einigermaßen zu dem Schauspiele, denn die Wachskerzen, die wir trugen, glichen jenen, die man bei feierlichen Leichenbegängnissen trägt, und waren zweifellos auch schon dazu verwendet worden, denn sie alle waren schon teilweise abgebrannt …

… Als wir durch den Gang schritten, der von dieser zweiten Treppe weiterführte, gewahrte ich hoch über unseren Häuptern einen schwachen Schimmer des Tageslichtes! Ich erkundigte mich, woher der Schein käme, und erfuhr, dass das Licht von einem Gitter im Dome herrühre, von wo die Leichen einst in die Grüfte hinabgelassen wurden …

… Es bot sich uns ein solches Bild, wie es mich sicher das ganze Leben hindurch in meinen Träumen verfolgen wird. Wir erreichten eine große, viereckige Gruft, in der unser Führer hielt, und indem er das Licht, das er trug, senkte, zeigte er uns auf dem Boden, der von ungeheuren Massen widerlichen Moders bedeckt war, einen Haufen ganzer, nackter, unbestatteter Leichen in den verschiedensten Lagen, wie sie nur der Zufall bewirken kann. Durch eine besondere Beschaffenheit der Luft, wahrscheinlich wegen des auffallenden Mangels an Feuchtigkeit, findet die Zersetzung, welche gewöhnlich dem Tode folgt, hier nicht statt. Die Haut ist stattdessen zu dickem Leder eingetrocknet, während die Form der Körper und in vielen Fällen sogar die Gesichtszüge so unverändert blieben, dass ihre grinsende Ähnlichkeit sie uns so ergreifend und

entsetzlich wie möglich macht. Die verschiedenen Stellungen und der vielfältige Ausdruck jedes gespenstischen Hauptes schien dem Tode Leben zu geben, und ich zitterte, als ich diese Dinge des Schreckens betrachtete, dass ich wahnsinnig würde. Solch ein Schauspiel und die nachlässige Unordnung, in welcher die schauderhaften Gerippe zerstreut lagen, waren in der Tat genug, um die Schritte eines Weibes wankend zu machen und ihre Sinne zu verwirren, dennoch war dies erst der Anfang der Schrecken. Nachdem unser Führer uns Zeit gelassen hatte, uns umzusehen und die ganze eklige Szene zu überblicken, fasst er eines dieser kläglichen Überreste menschlichen Seins an der Kehle, hob die Leiche vor unseren Augen hoch, ließ sie vor uns aufrecht stehen und schwenkte dabei seine Fackel so, dass wir sie in ihrer ganzen Hässlichkeit sehen konnten. Dann verbreitete er sich dabei über ihre Größe und ihre guten Proportionen, ließ plötzlich die rasselnde Leiche vor unseren Füssen fallen, hob eine andere auf, sagte, dass es ein Frauenzimmer wäre, erhob eine dritte, lehnte sie mit der Hand, in der er das Licht hielt, gegen seinen Körper und riss mit der anderen lange Streifen der vertrockneten Haut ab, um uns zu zeigen wie zähe sie sei …

… Ich kann nicht sagen, durch wie viele solche schreckliche Höhlen wir kamen: das eine weiß ich aber, dass Fledermäuse an den Wänden hingen und unzählige Menschenleichen mich mit geöffnetem Mund angrinsten, als ich vorüberging …

Dieser Bericht der britischen Autorin löste Entsetzen und Unverständnis bei der Öffentlichkeit aus, denn viele Menschen wussten nichts über die gruseligen Führungen, die in die Welt der Toten unter dem Dom angeboten wurden, da im 19. Jahrhundert generell nur vereinzelt Besucher eingelassen wurden. Die Räume sind daraufhin vorübergehend geschlossen worden. 1865 soll ein seltsames **KLOPFGERÄUSCH** aus den Katakomben gedrungen sein, bei einer Untersuchung fand die Polizei einen vorher noch nie entdeckten, zugemauerten Gang. Aus Angst vor übernatürlichen Ursachen wurde die Ermittlung ohne weitere Angabe von Gründen eingestellt.

Bald darauf begannen die Gruselführungen wieder zu boomen. Der österreichische Komponist und Kapellmeister **EDUARD STRAUSS** (1835–1916) – er war der Einzige in der Strauss-Dynastie, der seinen Nachnamen mit „ß" schrieb – schildert in seinen Memoiren die Eindrücke nach einem Besuch der Katakomben mit seinem Bruder Josef folgendermaßen:

In der Mitte der Sechzigerjahre wurden die Katakomben der St. Stephanskirche blossgelegt. Als ich hievon erfuhr, bewarb ich mich für mich und Josef, von dem ich wusste, dass ihn solche Dinge interessieren, um Einlasskarten, welche ich auch erhielt. Drei Diener mit Fackeln leuchteten dem kleinen, nur aus sechs Herren bestehenden Zuge. Gleich in der ersten Galerie stiessen wir mit den Füssen auf umherliegende Schädel und Brustskelette, aus welchem, sich durch den Anprall Zähne und Rippen lösten. In der zweiten Galerie, etwa zwanzig Stufen tiefer, sahen wir hölzerne Särge an den Wänden aufgeschichtet oder in die Erde gebettet. Einer der Arbeiter ersuchte mich, beiseite zu treten, da ich auf einem solchen Sarge stand. Er hob nun den Deckel desselben, der sich von der Erde noch unterschied, ab, und vor uns im Fackelschein lag ein Kapuziner, angetan mit seiner Kutte, den Rosenkranz um die Finger gewickelt. Hände und Finger waren zwar dürr, aber mit Haut bekleidet, die Nägel blau, aber unversehrt. Auch waren die Kopfhaare ganz deutlich, von den Augenbrauen hingegen jedoch nur noch Spuren wahrzunehmen. Trotz des eigentümlichen Eindruckes, den diese wohlconservierte Mumie auf ihre Besucher machte, wurde noch ein Sargdeckel geöffnet. Er hatte nun eine mit einem verschnürten Dolman gezierte Frauenleiche, wohl die einer ungarischen Dame. Waren wir durch den Anblick dieser Mumien schon aufs höchste erstaunt, so sollte uns noch eine grössere Überraschung zuteil werden, als wir etwa zehn Stufen tiefer die zirka 2 1/2 Stockwerke unter der Erde sich befindliche dritte Galerie betraten. Sie erwies sich als ein grosser, viereckiger Raum und barg 42 entblösste Leichen, deren wir bei dem Scheine der Fackeln ansichtig wurden ...

Seinen Höhepunkt erreichte das lukrative Geschäft mit dem KATAKOMBEN-„TOURISMUS" im Jahr der Weltausstellung 1873. Im selben Jahr wurde allerdings mit dem Bau der Hochquellwasserleitung begonnen, und da die Hausbrunnen nicht ausgeschöpft wurden, stieg allmählich der Grundwasserspiegel an. Die zunehmende Feuchtigkeit in den Grüften zerstörten die mumifizierten Leichen, woraufhin diese weggeschafft und in tiefen Gruben beerdigt werden mussten.

In der Bischofsgruft: Luftdicht verschlossene Kupfersärge mit den sterblichen Überresten von 17 Bischöfen und Kardinälen. Hier ruht auch Kardinal Franz König.

Heute kann nur noch ein kleiner Teil des riesigen Katakomben-Systems besichtigt werden – zu sehen sind dort Särge und Gefäße, Steindenkmäler und ein paar Knochen.

Dompfarrer Toni Faber berichtet, dass er immer wieder Päckchen aus der ganzen Welt von ehemaligen Katakomben-Besuchern zugeschickt bekommt, in welchen sich bei den Führungen entwendete Knochenteile befinden. Die beigelegten Briefe beinhalten eine Entschuldigung für den Diebstahl und den Hinweis, dass die Gebeine kein Glück, eher das Gegenteil gebracht hätten.

Gruselfans werden in der Nekropole unter dem Dom jedoch vergeblich nach modrigen Leichenteilen suchen, ebenso wie Verschwörungstheoretiker nach Hinweisen auf TUNNELSYSTEME, die angeblich immer noch von Geheimbünden benutzt werden und im 19. Jahrhundert außerdem zu Fluchtzwecken für eine sagenumwobene Bande von Gelddruckern gedient haben. Zu Nazi-Zeiten gab es zwar tatsächlich unterirdische Gänge für die Versorgung wohlhabender Bürger mit Lebensmitteln, beispielsweise vom Dom zu den Palais, doch diese wurden nach dem

Krieg zugemauert. Während des Zweiten Weltkriegs hatten die Katakomben die Funktion eines Luftschutzkellers, die „Grüfte" waren mit Brettern verschlossen.

Auszug aus der *Arbeiter-Zeitung*, Neujahr 1946:

Und wenn man dann im Keller stand, wo die Luft nach dumpfer Feuchtigkeit und der Ausdünstung tausender Menschen roch, Leib an Leib mit ihnen, wenn dann das Licht zuckte oder gar ausging, und man das bekannte Rollen hörte und unter den Füßen zu spüren vermeinte, wenn das Stimmengewirr verstummte, so dass man manchmal sogar das Pfeifen und Quieken der Ratten hörte – dann kam es einem zu Bewusstsein, dass man ja machtlos war, vollkommen machtlos …

Unhygienische Zustände oder bedrohliche Situationen gibt es heute nicht mehr unter dem Stephansdom: Die Räumlichkeiten der Katakomben sind weiß verputzt, mit Neonlampen ausgeleuchtet und buntem Plattenboden belegt.

Der Eingang befindet sich im linken Seitenschiff des Doms. Zuerst gelangt der Besucher durch den Anraum in die Unterkirche, in der auf Erlaubnis von Maria Theresia am Allerseelentag die Menschen die Toten besuchen konnten und ein Requiem für sie abgehalten wurde und über welche die Chronik berichtet *1758 sind aus den Grüften in der Kirchen die Laichen herausgenommen und hier beigesetzt worden.* Auch heute noch wird dieser Raum, in dem auch bereits der erwähnte Altarunterbau mit dem Pelikan und den drei Jungen steht, als Kapelle genutzt.

Es folgt die Bischofsgruft: In durch Gitter geschützten Nischen befinden sich luftdicht verschlossene Kupfersärge mit den sterblichen Überresten von 17 Bischöfen, darunter Theodor Innitzer, der die Gestaltung der **BISCHOFSGRUFT** veranlasste, und Kardinal Franz König. Auch Kardinal Melchior Khlesl (1553–1630), den der österreichische Dichter Franz Grillparzer in seinem Stück *Ein Bruderzwist in Habsburg* dargestellt hat, ist hier zur letzten Ruh gebettet.

Khlesl war der Wegbereiter der Jesuiten in Wien, der „Feldherr" der kämpferischen Kirche, die im Zuge der Gegenreformation die Rekatholisierung, oder besser die Zwangskatholisierung, Österreichs in Angriff nahm. Zu dieser Zeit gehörten mindes-

Kreuzigungsszene unter dem Westwerk: Der Reformator Martin Luther erscheint als Karikatur eines Mönchs (im Bild rechts).

tens drei Viertel der Wiener Bevölkerung, in den Vororten waren es sogar an die 100 %, der lutherischen Lehre an, doch bereits 1577 wurde der öffentliche protestantische Gottesdienst unter Strafe gestellt.

„Den Österreichern, so sie einmal eine eigene Meinung hatten, wurde immer das Genick gebrochen. Das freie Wort, die freie Meinung, zählte nichts in diesem Land – im Gegenteil!"
Zitat Gerhard Roth

Doch schon einige Jahre früher wurden die Leute, die nicht katholisch sein wollten, einfach beseitigt. So geschehen unter Bischof Johann Faber, der den Wiener Kaufmann **KASPAR TAUBER** 1524 vierteilen und verbrennen ließ, nachdem dieser sich geweigert hatte, vor dem Riesentor seinen „falschen" Glauben zu widerrufen. 1528 ließ Faber den Arzt und Wiedertäufer **BALTHASAR HUBMAYER** aus demselben Grund hinrichten und dessen Frau in der Donau ertränken. Johann Faber ist im Stephansdom ein Epitaph gewidmet.
MARTIN LUTHER wird im Dom übrigens verspottet: Auf einem Relief unter dem Westwerk ist in der Kreuzigungsszene inmitten der geifernden Menge ein Mönch mit dem karikierten Kopf des Reformators zu sehen.

Weiter geht es durch einen Luftschacht in die Herzogsgruft, in der 15 Särge stehen, darunter jene von Rudolf dem IV. und seiner Gattin Katharina. Auch die Herzöge Albrecht III. und IV. haben hier ihre letzte Ruhe gefunden. In diesem Raum befindet sich an der Decke die Hand mit ausgestrecktem Zeige- und Mittelfinger – Freimaurersymbol, Segnungsgeste oder Hinweis auf das Grab des Stifters? In den seitlichen Nischen befinden sich 76 mit Totenköpfen und Kreuzen verzierte Kupfergefäße mit den in konservierender Alkohollösung eingelegten Eingeweiden der Habsburger. Die zuletzt deponierte Urne enthält die Innereien des 1878 verstorbenen Erzherzogs Franz Carl, Vater Kaiser Franz Josephs.

Es war im Wien ab dem 17. Jahrhundert Sitte, Eingeweide und Körper separat zu bestatten. Die leeren Körper liegen in der Kaisergruft unter der Kapuzinerkirche, die Herzen unter anderem in der Herzgruft in der Augustinerkirche.

Nun folgt **DAS LAPIDARIUM**, die Steinsammlung, in der sich hauptsächlich Statuen, aber auch beispielsweise Epitaphe vom aufgelassenen Friedhof befinden. Auch der Klöppel der alten Pummerin wird hier aufbewahrt.

Es geht weiter in die Gruft, in der einige der Domherren hinter roten Marmorplatten bestattet sind. Später wurden diese in einer eigenen Grabanlage am Wiener Zentralfriedhof beigesetzt. Heute bestimmen die Domherren testamentarisch, ob sie in der Gruft zur letzten Ruhe gebettet werden wollen – einige Nischen sind bereits reserviert.

Noch weiter hinten, dort, wo es modrig riecht, sind dann kaputte Särge, Knochen und mehr oder weniger intakte Skelette zu finden – bei diesem Teil der Katakomben handelt es sich um die „neuen Grüfte", die größtenteils unter dem Stephansplatz liegen.

Noch wesentlich ältere Knochen fanden Archäologen bei Grabungen des Bundesdenkmalamtes in den Jahren 1997 bis 2000, die erfolgten, nachdem Handwerker im Zuge der Erneuerung einer alten Warmluftheizung auf jede Menge menschliche Überreste stießen. Es handelte sich dabei um Skelette aus spätrömischer Zeit, die in Steinkisten bestattet worden waren. Diese Überreste wurden 2003 in den Katakomben beigesetzt, die Särge in den „neuen Grüften" verwahrt. Über den antiken Knochen befanden sich mehrere Schichten von Mörtelboden verschiedenster Epochen und weitere Skelette. Das älteste Fundament deutet auf die Erbauung einer großen Kirche, wahrscheinlich bereits im 9. Jahrhundert, hin, die vielen Gebeine darauf, dass das Areal immer wieder als Gräberfeld genutzt worden war.

Der Ausgang aus den Katakomben erfolgt durch die Kruzifixkapelle.

In den „alten Crufften" kostete ein Begräbnis im Jahr 1743 zwischen 40 und 130 Florin, das wären nach dem heutigen Wert dieser Währung zwischen 940 und 3.080 Euro. In den „neuen Grüften" waren die Bestattungen ab 1746 ein wenig billiger, im alten Teil blieben die Taxen gleich. Daneben gab es für die armen Bürger Wiens noch die „Gratisleich".

Doch nicht nur unter dem Dom, sondern auch in den heiligen Hallen der Kirche befinden sich so manche menschliche Überreste.

Zurück zum Hochgrab von FRIEDRICH III. im Südchor des Doms: Der Kaiser, der auch „des Heiligen Römischen Reiches Erzschlafmütze" genannt wurde, weil er nicht sonderlich viel unternommen und „einem yeden das sein gelassen" haben soll, ist 1513 hier beigesetzt worden. Verstorben ist Friedrich allerdings bereits 1493 in Linz, wo sich bis heute sein Herz und seine Eingeweide in der Stadtpfarrkirche befinden. Sein Körper wurde nach seinem Tod mit kostbaren Wässern und Salben einbalsamiert und auf einem Sessel sitzend in der großen Stube des Linzer Schlosses einen Tag lang jedermann gezeigt.

Das prunkvolle Grabmal im Stephansdom aus acht Tonnen schwerem Marmor, eines der bedeutendsten plastischen Kunstwerke des Spätmittelalters, hatte Friedrich selbst in Auftrag gegeben, es stammt von dem niederländischen Bildhauer Niclaes Gerhaert van Leyden, der von Friedrich nach Wien geholt worden war. Der Künstler hat bis zu seinem Tod 1473 am Grab des Herrschers gearbeitet.

Im Alter litt Friedrich III. an Altersbrand. Es wurde von Gesandten aus Venedig, die ihm 1492 einen Besuch abstatteten, berichtet, dass der Kaiser sein krankes linkes Bein mit einem goldenen Tuch bedeckte, unter welchem ein „gar gräulicher Geruch" hervordrang. 1493 wurde Friedrichs Bein bis zum Knie hinauf schwarz, wo-

raufhin der Monarch die renommiertesten Ärzte von weit her holen
ließ, die eine Amputation empfahlen. Die am 8. Juni desselben
Jahres durchgeführte Operation, die bei vollem Bewusstsein durchgeführt wurde, verlief erfolgreich.

Willkommenes Indiz für Verschwörungstheoretiker: Kaiser Friedrich III.
mit hochgehobenem Bein auf der Grabplatte seines Sarkophags.

Am 19. August, also nur rund zwei Monate später, verstarb Friedrich III. in den Mittagsstunden im Alter von 78 Jahren. Die Ursachen seines Todes sind bis zum heutigen Tag nicht vollständig geklärt. Es wird jedoch davon ausgegangen, dass er sich nach der Operation nicht ausreichend erholt und sein strenges Fasten an Mariä Himmelfahrt am 15. August einen Rückfall ausgelöst hatte. Wie in damaliger Zeit üblich, ist als Todesursache der Verzehr von Melonen genannt worden.

In Wien wurde er im Grab wieder mit dem amputierten Bein vereint.

Auf der Grabplatte ist der Kaiser mit hochgestrecktem Bein dargestellt, „als wäre er seiner Begräbnisstätte längst entstiegen". Für Verschwörungstheoretiker bedeutet dies nichts anderes, als dass der Monarch niemals im Stephansdom beigesetzt oder aber sein Körper nach der Bestattung heimlich entfernt wurde. Laut Dompfarrer Toni Faber ist das natürlich Humbug: „Es sind vor ca. 30 Jahren wissenschaftliche Untersuchungen und Messungen mittels eingebrachten Sonden durchgeführt worden, Friedrich III. liegt definitiv in seinem Hochgrab bei uns im Steffl."

Die Darstellung des Herrschers mit hochgehobenem Bein ist offensichtlich auf seine Angewohnheit, sämtliche Türen mit einem Fußtritt zu öffnen, zurückzuführen. Ein wenig makaber ist die Behauptung, dass Friedrich sich bei dieser Unart einmal das Bein brach, das daraufhin Teil für Teil amputiert werden musste.

Auf der gegenüberliegenden Seite, im Nordchor, befindet sich das Scheingrab von RUDOLF IV. Der Herrscher starb völlig unerwartet am 27. Juli 1365 in Mailand, wo er die Hochzeit seines Bruders vorbereiten wollte – er war nur 26 Jahre alt geworden. Sein Leichnam ist angeblich in Rotwein gekocht, das Skelett in Ochsenhaut gewickelt, nach Wien gebracht und in der Fürstengruft beigesetzt worden. Als das Grab 1933 geöffnet wurde, war der Eichensarg darin sehr gut erhalten. Die Ochsenhaut, steinhart und schwärzlich gefärbt, konnte wie ein Deckel abgehoben werden, darin befanden sich ein rostiges Schwert, ein Bleikreuz mit gut erhaltener Inschrift, das kostbare Gewand des Herrschers und seine Gebeine – „gut erhalten, aber in würdeloser Unordnung", wie es im Protokoll heißt.

Starb überraschend mit nur 26 Jahren, sein Leichnam wurde angeblich in Rotwein gekocht: Skulptur Rudolfs des Stifters am Singertor.

Obwohl das Kenotaph des Erzherzogs zeit seines Lebens aufgestellt wurde, ursprünglich wie von Rudolf gewünscht in der Mitte des Chors, blieb es stets leer. Mitte des 20. Jahrhunderts ist es an die jetzige Stelle versetzt worden. „Der Stifter" hatte sogar Anweisungen gegeben, wie nach seinem Tod mit der Begräbnisstätte zu verfahren sei: *Zu allen tagzeiten sol steckhen auf den alter zwu, und auf der Herczogen grab zwu Kerczen.*

Auf dem marmornen Grabdeckel des Scheingrabs ruht Rudolf IV. an der Seite seiner Gemahlin **KATHARINA**, deren sterbliche Überreste allerdings ebenfalls in der Fürstengruft liegen. Die steinernen Figuren sind in prunkvolle Gewänder gehüllt, die ursprünglich mit Edelsteinimitaten geschmückt waren. Es ist die insgesamt vierte Darstellung des Monarchenpaars, die drei anderen befinden sich im Singertor, im Bischofstor und an der Westfassade.

Auf der Oberseite des Kenotaphs befinden sich außerdem noch ein männlicher und ein weiblicher Löwe, um den Rand läuft ein Text in der Geheimschrift, die Rudolf entwickelt hat.

Der Unterbau ist in Nischen gegliedert, in welchen ursprünglich die Skulpturen von Professoren und Kanonikern standen, die im 18. Jahrhundert verloren gingen.

So stehen nun wie zwei Pole im Nord- und Südchor die Grabmäler jener beiden Herrscher, die für den Stephansdom so wichtig waren: Der Kenotaph des Stifters und das Grabmal des Vollenders.

Verein „Unser Stephansdom"

Das nächste Grabmal ist das von **NEIDHART, GENANNT „VON REUENTAL"**, der in der ersten Hälfte des 13. Jahrhunderts lebte. Neidhart war einer der bedeutendsten lyrischen Dichter des Mittelalters, von ihm sind bis zu 132 Lieder und 55 Melodien überliefert. Neidhart war der Begründer der „höfischen Dorfpoesie", in der er das hoffärtige Treiben und die Liebesbeweise der Bauern in derben bis obszönen Schwänken mit geistreicher Laune schildert. Neidhart wurde aufgrund seines bösen Humors und Zynismus in Bezug auf das Dorfleben auch als Bauernhasser bezeichnet.

Das **NEIDHARTGRABMAL** in Wien befindet sich an der Südseite des Stephansdoms, zwischen Singertor und Primglöckleintor. Es wird angenommen, dass Rudolf IV. die Tumba in Auftrag gegeben hat, unter anderem, um dadurch seine Nähe zum Bürgertum zu demonstrieren.

Oben auf dem Grabmal liegt eine steinerne Figur, auf der linken Seite prangt ein Wappenschild mit dem Relief eines stehenden Fuchses, der allerdings nichts mit Neidhart von Reuental zu tun hat. Es existierte im 14. Jahrhundert nämlich wahrscheinlich

Das Neidhartgrabmal an der Südseite des Doms. Vom „Ariosophen" Guido List wurde das Hochgrab des Dichters als „Artamanengrab" interpretiert.

ein Neidhart-Nachfolger am Wiener Hof, der zu den Verbreitern der Originallieder des „von Reuental" gehörte. Es wird davon ausgegangen, dass es sich dabei um den Ritter Otto Fuchs handelte.

Sicher ist, dass es einen Neidhart Fuchs in der Literatur gab, es handelt sich um den Protagonisten eines Schwankbuchs selben Titels, das um 1491 erschien. Das Werk, dessen Verfasser unbekannt ist, enthält eine „Lebensgeschichte in Liedern", die Figur des Protagonisten ist an Neidhart von Reuental angelehnt. Neidhart Fuchs agiert in dem Buch als „lustiger Rat" von Herzog Otto dem Fröhlichen von Österreich (1301–1339) und Zeitgenosse des „Pfarrers vom Kahlenberg", bei dem es sich vermutlich um die historische Person Gundaker von Thernberg handelt, den Pfarrer von Kirchberg am Wechsel, Kahlenbergdorf und Prigglitz.

Die bei einer Öffnung des Hochgrabes sichtbaren Knochenreste wurden auf das frühe 13. sowie das 14. Jahrhundert datiert, somit stammen die Gebeine von zwei verschiedenen männlichen Individuen, die später zu einem Skelett zusammengesetzt wurden. Möglicherweise handelt es sich dabei um die Knochen sowohl von Neidhart von Reuental als auch von dem Ritter Otto Fuchs.

Vom Reliefschmuck an den Sichtseiten der Grabtumba sind nur fünf fragmentierte Figuren an der rechten Schmalfront erhalten, eventuell eine Szene des berühmten Veilchenschwanks aus dem Schwankbuch „Neidhart Fuchs".

Neidhart findet im Frühling das erste Veilchen auf einer Wiese, wirft seinen Hut über das Blümchen und eilt zur Herzogin von Österreich, um sie zu holen und ihr seine Entdeckung zu präsentieren. Doch während seiner Abwesenheit ersetzen garstige Bauern das Veilchen durch einen Kothaufen. Der Minnesänger kehrt bald darauf mit der Herzogin und ihrem gesamtem Hofstaat zurück, gemeinsam tanzen sie einen Frühlingsreigen um den Hut. Zum Höhepunkt will Neidhart stolz das Blümchen präsentieren, woraufhin der Haufen Dreck zum Vorschein kommt. Die aufgebrachte Herzogin klagt Neidhart an, woraufhin sich dieser grausam an den Bauern rächt.

Ein weiterer prominenter Leichnam liegt in der Prinz-Eugen- oder Tirna-Kapelle, dort ruhen die sterblichen Überreste des berühmten österreichischen Feldherrn PRINZ EUGEN FRANZ VON SAVOYEN, der 1736 in Wien verstarb. Das Herz des Prinzen wurde in der Wallfahrtskirche Basilica di Superga in Turin bestattet.

Eugen von Savoyen wurde von dem österreichischen Feldherrn und Hofkriegsratspräsidenten Graf Ernst Rüdiger von Starhemberg 1697 für den Oberbefehl im Türkenkrieg empfohlen, die Folge waren neun siegreiche Schlachten gegen osmanische Heere. Das Habsburgerreich konnte daraufhin im Frieden von

Karlowitz 1699 Türkisch-Ungarn, Siebenbürgen und Slawonien erwerben und so seinen Status als Großmacht festigen.

Zu Beginn des Jahres 1700 wurde Eugen von Savoyen von Leopold I. zum Mitglied des geheimen Rats ernannt, seit diesem Zeitpunkt war der erfolgreiche Feldherr einer der bedeutendsten Männer des Reiches. Da hatte sich Liselotte von der Pfalz, die Schwägerin von König Ludwig XIV. von Frankreich, wohl geirrt, als sie Eugen einen „schmutzigen, sehr debauchierten" (*debauchiert* bedeutet hier „ein wüstes, ausschweifendes Leben führend") Jungen nannte, der es zu nichts bringen würde.

Später trug Prinz Eugens Status ihm die Bezeichnung „reichster Mann in Österreich" ein, was er anschaulich durch die Errichtung prachtvoller Barockbauten demonstrierte. In seinem Winterpalais in der Himmelpfortgasse hat heute passenderweise das Finanzministerium seinen Sitz.

Das Schloss Belvedere wurde von Eugens Lieblingsarchitekten Johann Lukas von Hildebrandt erbaut.

Der österreichische Schriftsteller Hugo von Hofmannsthal schrieb: *Eugens letzte Tage und der Löwe im Belvedere ... der König von Frankreich, den er so oft besiegt hatte, verehrte ihm einen afrikanischen Löwen ... endlich kamen drei Tage, wo der Löwe seinen Herrn nicht mehr sah, er verweigerte alles Fressen und lief unruhig im Käfig auf und nieder ... gegen drei Uhr morgens stieß er ein solches Gebrüll aus, daß der Tierwärter hinauslief in die Menagerie um nachzusehen. Da sah er Lichter in allen Zimmern des Schlosses, zugleich hörte er in der Kapelle das Sterbeglöcklein und so wußte er, daß sein Herr, der große Prinz Eugen, zu eben dieser Stunde gestorben war.*

Bereits zu Lebzeiten des Prinzen existierte das Gerücht, dass der bei seinen Soldaten und Bediensteten als sehr sozialer Arbeitgeber beliebte Feldherr homosexuell gewesen sei, was immer wieder in verschiedensten Gedichten wie auch in seiner Biografie angedeutet wurde.

Fest steht allerdings, dass Eugen nie geheiratet hat – nicht einmal seiner Mutter war es trotz einiger Versuche gelungen, ihn zu verkuppeln – und es auch nie „Indizien" für Besuche von Mätressen gab. Vielleicht pflegte Eugen einfach nur einen sehr diskreten Umgang mit seinen Liebschaften, was besonders klug von ihm war, wenn diese männlich gewesen sein sollten – zur Zeit des Prinzen galt nämlich noch das Gesetz, dass Homosexuelle auf dem Scheiterhaufen verbrannt wurden.

Ein ganz besonderer Fan des Feldherrn von Savoyen ist Adolf Hitler gewesen, der ein Kriegsschiff nach ihm benannte. Es existierte ab 1942 auch eine SS-Freiwilligen-Gebirgs-Division „Prinz Eugen", in diesem Fall war die Namensgebung allerdings die Idee des damaligen Kommandanten Artur Phlebs.

Doch auch ein Rätsel hat Eugen von Savoyen den Historikern hinterlassen: Als im Zuge des U-Bahn-Baus 1974 seine Gruft geöffnet werden musste, wurde neben den sterblichen Überresten des Prinzen auch eine Urne mit der Inschrift „Herz Seiner Durchlaucht Eugen Prinz von Savoyen, der in Wien am 21. April anno domini 1736 gestorben ist" gefunden. Es ist nie bekannt geworden, was sich in dem Behältnis befand – das Herz des Prinzen ist, wie bereits erwähnt, tatsächlich in Turin bestattet.

Domarchivar Reinhard Gruber steht allerdings noch vor einem weiteren Rätsel, welches ein Grab im linken Seitenschiff beim Aufzug zur Pummerin betrifft. Laut Inschrift liegt dort ein **MORDOPFER** aus dem Jahr 1643, über das keine weiteren Informationen alsfolgende existieren: *Hier lieg ich Simon Paur, meuchelmörderisch aus Neid erschossen.* Warum dieser Unbekannte so prominent platziert wurde, ist Teil dieses Rätsels.

Ein interessantes Epitaph von 1517 befindet sich in der Eligiuskapelle, nämlich das von **JOHANNES VON KALTENMARKTER**, einem Domherrn von St. Stephan, der mit scharfer Polemik gegen die Bettelorden und mit Kritik am päpstlichen Primat hervortrat, die ihn an den Rand eines Ketzerprozesses brachten. 1493 wurde Kaltenmarkter auf Befehl von Papst Innocent VIII. von der theologischen Fakultät wegen häretischer Lehrsätze exkommuniziert, er verstarb im Jahr 1506.

Früher, als der Dom noch dunkel war und sich das Böse in der Finsternis breitmachen konnte, sollen dort Menschen zu allerlei „Schandtaten" motiviert gewesen sein, wie es 1919 in einem Schreiben der Kurgeistlichkeit an den Kardinal hieß: *Einmal wurde ein Mann von einem Kurpriester in einer Bank bei einer direkt unsittlichen Handlung ertappt; im vorigen Jahr wurde ein Mann ergriffen, der einen Angriff auf ein Fräulein gewagt hatte;*

Leute, die sich das Leben nehmen oder sich verbergen wollen, um dann zu rauben, freuen sich über diese Finsternis; auch Verunreinigungen, selbst der Beichtstühle, kommen vor.

Neben diesen „Schandtaten", die heute längst nicht mehr der Dunkelheit bedürfen, ist außer Mord auch SELBSTMORD ein Thema, das zum Stephansdom gehört wie der Wein zum Mörtel (beziehungsweise in den Dom-Weinkeller).

11. Juni 1990: Ein 37-jähriger Wiener sprang von der 55 Meter hohen Plattform des Nordturms in den Tod. Trotz sofortiger Alarmierung des Notrufes durch einen Fiakerfahrer kam jeden Hilfe zu spät.

13. Juni 1995: Ein 15-jähriges Mädchen hatte nach der Einnahme von 30 Schlaftabletten vor, sich vom Nordturm zu stürzen. Ein Angestellter des Doms und die benachrichtigte Polizei konnten die Lebensmüde vom Sprung abhalten.

24. Jänner 2009: Ein 17-jähriger Bursche war über das Absperrungsgitter der Aussichtsplattform am Nordturm geklettert. Durch gutes Zureden von Dompfarrer Toni Faber und gemeinsame Gebete ließ sich der Junge ein wenig beruhigen und konnte wenig später von einem Rettungsmann von der Plattform gezogen werden.

Besondere Bekanntheit erlangte allerdings der Fall JOHANN BERGMANN, der sich selbst „AL CAPONE VON WIEN" oder „Österreichs Staatsfeind Nr. 1" nannte – allerdings handelt es sich dabei weniger um einen Selbstmord, als um einen Erpressungsversuch.

1954 ist der Mann im Alter von 24 Jahren auf die Spitze des Stephansdoms geklettert und hat 3.000 Schilling gefordert, ansonsten wollte er sich in die Tiefe stürzen. Er gab an, das Weihnachtsfest ebenso luxuriös feiern zu wollen wie andere Menschen. Ein Priester kletterte zu dem Erpresser hinauf und übergab dem Mann 1.000 Schilling, woraufhin er vom Dom hinunterstieg.

Johann Bergmann beging bereits in jungen Jahren drei Morde, zwei Mordversuche und einen Raubüberfall und wurde am 1. Juni 1960 zu lebenslangem Kerker verurteilt. Der Presse gegenüber stellte er sich wie ein Filmstar zur Schau und verkündete nach dem Verlassen des Gerichtssaals: „Ich werde weiter morden, auch im Gefängnis!"

Die Mordlust des Verbrechers schien einem Nasen-Komplex zu entspringen. Der Täter ließ verlautbaren, dass er erst nach einer Schönheitsoperation mit dem Töten aufhören würde. Doch trotz seiner Erpressungsversuche, auch noch aus dem Gefängnis heraus, ging sein Wunsch nie in Erfüllung.

Von den prominenten Toten und Einzelschicksalen zu zwei Ereignissen, welche unter den Wienern zahlreiche Opfer forderten: die PESTEPIDEMIEN und die beiden TÜRKENBELAGERUNGEN.

Der „großen Pest von Wien", bei der es sich eigentlich um eine Pandemie handelte, da sie nicht nur auf ein bestimmtes Gebiet beschränkt war, fielen im Jahr 1679 alleine in der österreichischen Hauptstadt laut zeitgenössischen Berichten rund 12.000 Menschen zum Opfer. Schriftlich nachgewiesen sind etwa 8.000 Tote, was allerdings nur eine Untergrenze darstellt. Zahlreiche Opfer forderte eine Beulenpestepidemie auch 1541; im Pestjahr 1348/49 gab es angeblich gar rund 15.000 Tote.

Auslöser der tödlichen Krankheit war ein Bakterium, das vermutlich von Handelsreisenden aus fremden Ländern eingeschleppt und vor allem von Ratten und Fliegen übertragen wurde. Ein weiteres Kriterium stellte die mangelnde Hygiene im dicht bebauten Wien dar.

Zur Zeit der Pest im Jahr 1679 soll das Volkslied „O DU LIEBER AUGUSTIN" entstanden sein, das vermutlich von dem Bänkelsänger Markus „Marx" Augustin stammt.

Über den Verfasser größtenteils zotiger Lieder, der laut Überlieferung ein „tüchtiger Trinker" gewesen sei, kursierte noch lange nach seinem Tod folgende Geschichte:

Eines Nachts, im Jahr 1679 zur Zeit der Pestepidemie, schlief der damals 36-jährige Augustin in einer Gosse in Wien seinen Rausch aus. Sogenannte Siech Knechte, welche die Aufgabe hatten, die Opfer der Epidemie in der ganzen Stadt einzusammeln, fanden den Sänger und dachten, ein Stadtstreicher sei aufgrund übermäßigen Alkoholkonsums auf der Straße zusammengebrochen und verstorben. Sie brachten die vermeintliche Schnaps-Leiche zusammen mit den Pesttoten auf ihrem Sammelkarren vor die Stadtmauer und schmissen dort ihre ganze Ladung in ein offenes Massengrab. Am nächsten Morgen, so erzählten sich die Leute, habe Augustin in der Grube so laut herumgeschimpft und auf seinem Dudelsack, den er ständig mit sich führte, gespielt, bis er gefunden und gerettet wurde.

Diese Pestgrube hat sich wahrscheinlich in der Nähe der Kirche St. Ulrich im siebenten Wiener Gemeindebezirk befunden, dort, wo heute am Nachbarplatz der Augustinbrunnen steht.

Aus diesem Ereignis soll Markus Augustin ein Lied gedichtet und komponiert haben, von dessen Vortrag er recht gut leben konnte.

Abraham a Sancta Clara erwähnte die Begebenheit in seinem „wohlangefüllten Weinkeller", um vor der Trunksucht zu warnen.

Das Lied „O du lieber Augustin", das in Wien erst um 1800 nachgewiesen ist, spiegelt den Galgenhumor des Künstlers wider, der aussagt, dass man mit ein wenig Leichtigkeit alles überstehen kann.

O du lieber Augustin, Augustin, Augustin,
O du lieber Augustin, alles ist hin.
Geld ist weg, Mensch (Mädchen) *ist weg,*
Alles hin, Augustin.
O du lieber Augustin,
Alles ist hin.
(...)

Gerüchten zufolge wurden die von der Seuche gezeichneten Körper der Pesttoten über eine Rutsche auf der Seite des Stephandoms in die unterirdische „Pestgrube" befördert, da es unmöglich war, die vielen Toten standesgemäß zu bestatten. Es soll sich dabei um eine kleine runde Öffnung gehandelt haben, durch die gerade ein menschlicher Körper hindurch passte. Ein darunter befindlicher Hohlraum ist bis obenhin voll mit Knochen.

Es existieren jedoch keinerlei Aufzeichnungen zu diesem „Pestgrab", überliefert ist lediglich, dass anno 1679 insgesamt 353 Pestopfer am „Stephansfreithof" bestatten wurden, wo die anderen Leichen „entsorgt" worden sind, bleibt wohl ein Geheimnis. Die beiden Pestpatrone heiliger Sebastian und heiliger Rochus, die als Figuren den Hochaltar an der Ostfront des Chors zieren, sollen an diese schreckliche Krankheit erinnern.

Das populäre Wien-Klischee: Augustin und Stephansdom. Titelseite der Zeitschrift „Der liebe Augustin", herausgegeben von Gustav Meyrink, 1904.

Es war zur Zeit der großen Pest in Wien, da starben in der Stadt Männer, Frauen und Kinder und in den Häusern herrschte großes Jammern und Weinen. Hilflos mussten die Menschen den Tod ihrer Lieben mit ansehen, bis auch sie die Seuche ereilte. Zuletzt waren in Sievering nur noch sieben Weinhauer übrig, die in ihrer Not an der Dreifaltigkeitssäule beteten, Gott möge die Stadt erretten. Da stand plötzlich ein achter Mann in der Runde und fragte: „Was macht ihr da?" Einer der Männer antwortete, dass sie Gott baten, sie und den Rest der Überlebenden in Wien vor der Pest zu bewahren. „Kommt mit mir, ich weiß Hilfe", sagte der Fremde und schritt voran. Die acht marschierten zwei Tage und

Nächte lang durchs Land, bis sie in Pernitz angekommen waren und auf den Sebastianiberg hinaufstiegen. In einer geweihten Kapelle beteten alle gemeinsam, bis sich der Unbekannte mit einem Mal in Luft auflöste. Da wussten die Hauer, dass sie der Heilige Sebastian persönlich auf den Berg geführt hatte, und machten sich voll Zuversicht auf den Heimweg. Die Männer waren sechs Tage unterwegs gewesen, und am siebenten Tag war die Pest aus der Stadt verschwunden.

Bis heute unternehmen gläubige Sieveringer zum Dank alle Jahre im Herbst eine Wallfahrt zur Kapelle auf dem Sebastianiberg.

Die Pest wütete danach allerdings noch ein weiteres Mal, und zwar in den Jahren 1713/1714, dieses Mal forderte die Krankheit in Wien rund 9.000 Tote. Kaiser Karl VI. legte damals im Stephansdom das Gelübde ab, eine Kirche zu stiften, sobald die Pest überstanden ist, woraufhin 1716 mit dem Bau der Karlskirche begonnen wurde.

Aber auch die beiden Türkenbelagerungen, auch Türkennot genannt, in den Jahren 1529 und 1683 forderten so manches Opfer. Doch nicht nur Menschen, auch der Stephansdom geriet dabei unter Beschuss.

In der **ERSTEN WIENER TÜRKENBELAGERUNG** fanden die Kriege zwischen dem Osmanischen Reich und den christlichen Staaten Europas einen ersten Höhepunkt. Von 27. September bis 14. Oktober wurde Wien von den osmanischen Truppen, rund 300.000 Mann stark, unter der Führung von Sultan Süleyman I. „dem Prächtigen", belagert. Die Verteidigung hatte der ursprünglich belgische Feldherr Niklas Graf Salm übernommen.

Der König, die Hofgesellschaft und auch die reicheren Einwohner der Stadt waren zu dieser Zeit längst aus Wien geflüchtet, und so standen Salm nur 16.000 Landsknechte und 1.000 wehrfähige Bürger für den Kampf zur Verfügung.

Nach dreiwöchiger Belagerung zogen die Türken wegen der schwierigen Versorgung ihres großen Heeres und des drohenden Wintereinbruches ab.

Noch im selben Jahr wurde von den Gräueltaten der „Akıncı" berichtet, und zwar in einer Chronik des Reichshofrates Peter Stern von Labach:

Die Erste Türkenbelagerung: das Feldlager der Türken vor Wien. Lavierte Federzeichnung von Bartel Beham, 1529.

Der Stephansdom als dominierendes Zentrum auf der „Rundansicht" des Niklas Meldemann. Der kolorierte Holzschnitt, entstanden unmittelbar

nach dem Ende der Ersten Türkenbelagerung, zeigt detailgetreu die schweren Zerstörungen in den Vorstädten.

Vñ was vnmēschlicher grausamkhait Sy die Tuͤrkhen sonnst mit dē Cristenlichen volkh gebraucht ist nit muͤglich zuͦschreiben / Wie man dan alleñthalbn in den Waͤlden / pergn / vñ auf den Strassen / auch im gantzn Leger / erslagn leutt / die kind von einander gehawn oder auf den Spissen stekhendt / den Swangern weibern die frücht aus dem leib geschnittn vñ nebn den muͤttern des erbarmkhlich zuͦsehen ist vor augen ligen siecht vñ funden werdē.

Die **ZWEITE BELAGERUNG WIENS** durch ein osmanisches Heer begann am 14. Juli 1683 und sollte bis zum 12. September 1683 dauern; befehligt wurden die Belagerungstruppen, etwa 200.000 Mann, von Großwesir Kara Mustafa, der seinen ganzen persönlichen Ehrgeiz in die Eroberung der Stadt setzte. Kaiser Leopold I., später im Volksmund auch „Türkenpoldl" genannt, war bereits am Abend des 7. Juli aus der Stadt geflohen und verfolgte vom sicheren Passau aus das Schicksal seiner Residenz.

Am 1. August beschossen die Osmanen während der Heiligen Messe den Stephansdom. Am selben Tag wurde in Wien mit der Fixierung der Lebensmittelpreise und einer Kontrolle des Handels begonnen, denn die Menschen reagierten auf die Notsituation mit Preiswucher und Einkäufen auf dem Schwarzmarkt. Die Maßnahmen mussten in den kommenden sieben Wochen ständig wiederholt und überprüft, außerdem auf Medikamente und andere Bedarfsgegenstände ausgeweitet werden. Zusätzlich war eine Regelung für die Unterbringung der vielen Leichen erforderlich, deren Einhaltung ebenfalls permanent kontrolliert und bei Verstößen gegen die Verordnung schwer bestraft wurde.

Am 8. August wurde ein 15-jähriger Junge als Spion aufgegriffen, und obwohl der Bursche alles abstritt, verurteilte ihn das Gericht um Graf Starhemberg wegen Spionage zum Tode und ließ ihn köpfen. Zur selben Zeit brach die „Rote Ruhr" (Entzündung des Dickdarms mit starken Bauchschmerzen und blutigem Durchfall) aus, welche die Stadtbevölkerung stark dezimierte und an der auch der Wiener Stadtkommandant Graf Ernst Rüdiger von Starhemberg einige Tage lang erkrankt war. Aufgrund der hohen Verluste versuchte Starhemberg mit allen Mitteln neue Mannschaften zu rekrutieren. Das „Geheime De-

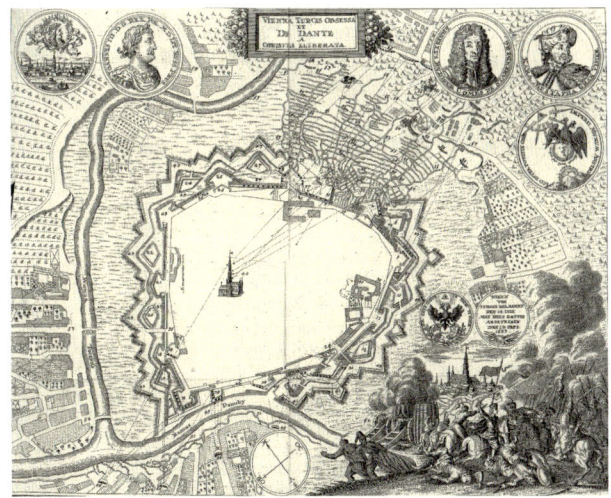

Der Stephansdom im Schussfeld der Kanonen: Plan der Zweiten Türken-
belagerung von Leander Anguissola und Bartholomeo Camuccio.

putirten-Collegium" erließ daher auf seinen Wunsch am 27.
August den Befehl, dass sich all jene Männer, die weder der Bür-
gerschaft, den Studenten, Hofbedienten, Hofbefreiten oder
Niederlags-Verwandten angehören, sich bei Todesstrafe am
Neuen Markt versammeln müssten – so gelang es immerhin,
eine neue Kompanie zusammenzustellen.

Bereits am nächsten Tag wurden in der Nacht 30 Raketen vom
Stephansdom abgefeuert, in der Nacht darauf waren es schon
100, Tage später so viele, dass sie nicht mehr gezählt werden
konnten. Doch der Dom hat nicht nur ausgeteilt, sondern auch
einstecken müssen, rund 1.000 eingemauerte Türkenkugeln alleine im Südturm zeugen heute noch von den erbitterten
Kämpfen.

Neben den strategischen Maßnahmen in der Kriegsführung
hatten die Wiener allerdings auch einige Tricks auf Lager, um
den Feind zu demoralisieren, beispielsweise wurde das Dach des
Stephansdoms immer wieder mit Zeltplanen ausgebessert, um
den Eindruck zu erwecken, dass genügend materielle Reserven
vorhanden seien.

Und dann, nach zahlreichen fehlgeschlagenen Eroberungsversuchen und der Niederlage in der Entsatzschlacht am 12. Sep-

Pardon wird dem „Erbfeind" auch am Dom nicht gegeben: von Fahnenstange durchbohrter türkischer Krieger. Detail von der Capistrankanzel.

tember, zogen sich die osmanischen Truppen endlich schwer geschlagen fluchtartig zurück; Großwesir Kara Mustafa wurde am 25. Dezember 1683 in Belgrad auf Befehl des Sultans mit der seidenen Schnur erdrosselt, sein Kopf gehäutet und die Kopfhaut als Beweis seines Todes an Sultan Mehmed IV. geschickt.

Bis vor einigen Jahren lag der Kopf des hingerichteten Großwesirs in einer Kiste verpackt in den Depots des Wien Museums. 2006 wurde er laut Auskunft des Museums auf dem Wiener Zentralfriedhof bestattet, die genaue Grabstelle wird aus Pietätsgründen nicht bekannt gegeben. Allerdings ist es wissenschaftlich höchst umstritten, ob es sich bei dem Schädel tatsächlich um den von Kara Mustafa handelt.

Nach dem Sieg der Wiener sind etliche gefangene türkische Soldaten versklavt und im Stephansdom zwangsgetauft worden – beispielsweise der Vater Karl Achamers, des Gießers der Original-Pummerin. Vor die jeweiligen Namen wurde ein „T" für Türke gesetzt, was an das spätere Nazi-„J" für Juden erinnert.

Im Dom zeugt heute noch das **TÜRKENDENKMAL** in der Halle des Südturms von den erfolglosen Eroberungsversuchen der Osmanen und den Triumphen des Habsburgerreichs über die Hohe Pforte. Das Originaldenkmal wurde jedoch bei dem Brand

1945 zerstört – und zwar von der herabstürzenden Pummerin, die wie oben erwähnt aus türkischen Kanonen gegossen worden war …

Später wurde das Denkmal jedoch aus den Resten einiger alter Skulpturen, ergänzt mit neuen Steinhauerarbeiten, wieder zusammengestellt. In das Original war in großen Lettern *Gloria Victoribus* („Ruhmreicher Sieg") eingemeißelt. Als Initiator für die Errichtung des Denkmals gilt der damalige Minister für Cultus und Unterricht, obwohl später die Geschichte verdreht wurde, da sich die Kirche der Idee bemächtigt und sie als ihre ausgegeben hatte. 1882 schrieben die Organisatoren anlässlich der 200-Jahr-Feier der Befreiung Wiens von den Türken jedenfalls einen Wettbewerb zur Gewinnung von Entwürfen aus; 1894 wurde das fertige Kunstwerk, verspätet , im Beisein Kaiser Franz Josephs feierlich enthüllt.

Einige zerstörte Figuren des Originaldenkmals sind noch im Lapidarium in den Katakomben zu sehen. Auch die „Starhembergbank" im Südturm, von der aus der Stadtkommandant die Bewegungen des Feindes beobachtete, erinnert an die Zeit der Türkennot in Wien.

Auf Sankt Stephans Riesen
In dem Söllergang,
Wird ein Sitz gewiesen,
Dem nur ehrfurchtvoll
Jeder nahen soll.

Auf dem Stephansthurme
Saß Graf Starhemberg,
Bei dem Türkensturme,
Auf dem Stuhl von Stein,
Starren Blicks – allein.

Ha, wie scharf du blicktest,
Kommandant von Wien!
Und zum Himmel schicktest
Flammendes Gebet:
„Herr! komm nicht zu spät!"

Auszug aus dem Gedicht „Des Starhembergers Sitz" von dem deutschen Schriftsteller Ludwig Bechstein, entstanden um 1840

Erinnerungen an eine heroische Zeit: die legendäre „Starhembergbank" im Südturm (links), Türkenkopf (rechts).

Aber nicht nur Helden und Heldenverehrung hat die Türkennot geboren: Im Rausch des Triumphes über den „Erzfeind" lässt man Hass und Hohn freien Lauf und auch dies schlägt sich am Dom nieder: 1792 wurde eine Tafel am Südturm angebracht, die einen **TÜRKENKOPF** und die Inschrift „Schau du Machame du Hund" zeigte, wobei „Machame" für „Mohammedaner" stand. Sie ist erst in den 1980er-Jahren nach Protesten türkischer Gastarbeiter übermauert worden.

Und eine Skulptur oberhalb der Capistrankanzel hinter dem Nordturm zeigt einen Türken mit „barbarischem Schopf", der von einer Fahnenstange durchbohrt wird

Aber auch drei heilige Damen demonstrieren den **HASS AUF DAS FREMDE**: Im Bischofstor ist im Bogenfeld die heilige Barbara zu sehen, die auf einem Juden steht, der sich um Luft ringend an den Hals greift, die heilige Katharina mit dem Rad, die auf einen heidnischen Philosophen eintritt, und die heilige Euphemia, die mit ihren Füßen einen Drachen malträtiert, der früher als Sinnbild der Ketzerei von Hussiten und Protestanten galt.

Viel Blut vergossen wurde im Dom auch am ersten Tag der **„WIENER OKTOBERREVOLUTION"** von 1848.

Am 6. Oktober sollten kaiserlich-österreichische Truppen in Wien aufbrechen, um gegen das aufständische Ungarn zu ziehen. Doch die mit den Ungarn sympathisierenden Wiener Ar-

In Stein gemeißelter Hass auf das Fremde: Die heilige Euphemia malträtiert einen Drachen, die heilige Katharina tritt einen „heidnischen" Philosophen.

beiter, Studenten und abtrünnigen Militärs versuchten, den Abmarsch der Soldaten zu verhindern. Die Folge dieses Widerstandes waren erbitterte Straßenkämpfe, die sich die kaiserlichen Truppen mit den Wiener Aufrührern lieferten, im Verlauf derer beide Seiten etliche Verluste hinnehmen mussten. Selbst im Stephansdom kamen Menschen ums Leben – einige der Soldaten hatten sich im Verlauf des Kampfes in der Kirche verschanzt und aus der sicheren Deckung hinaus aufs Volk gefeuert, woraufhin die wütende Menge den Dom stürmte, 15 der in den Beichtstühlen versteckten Männer erschoss und einige davon zur Abschreckung in der Kirche aufhängte. Der Boden des Doms soll damals durchtränkt gewesen sein vom Blut der Getöteten und weiteren beinahe 100 Schwerverletzten.

Am selben Tag stürmten die Aufständischen das k. u. k. Kriegsministerium und töteten den Kriegsminister Theodor Graf Baillet de Latour, der den Auftrag zur Entsendung des österreichischen Bataillons nach Ungarn gegeben hatte. De Latour wurde an einer Laterne aufgehängt, woraufhin das Wort „Laternisieren" für Lynchmord in Umlauf gelangte, den die Aufrührer auf weitere Personen anzuwenden drohten. Kaiser Ferdinand I. und sein Hof flohen am 7. Oktober 1848 nach Olmütz.

Revolution in Wien: Am 6. Oktober 1848 wird der Stephansdom zum Schauplatz des Kampfes. Es gibt zahlreiche Tote. Im Bild die Erstürmung des Zeughauses in der Nacht zum 7. Oktober.

Seit drei Tagen hat die Revolution allen Boden gewonnen. In diesem Augenblicke herrscht vollkommene Anarchie. Die alte Staatsgewalt liegt in Trümmern. Keine neue vermag sich zu erheben. Die Ohnmacht im Schaffen und die Wuth des Zerstörens ist der Charakter der Stunde, in der wir leben. Soldat und Bürger ist über Wunsch und Pflichten ungewiss, ungezügelt und stark wütet die Leidenschaft. Sollen wir deshalb der Hoffnung entsagen? Nein!

Mit diesen Sätzen titelte die damals noch ganz junge Wiener Tageszeitung *Die Presse* am 9. Oktober 1848 (Nr. 90).
Am 22. Oktober verließ auch der Reichstag die Hauptstadt. Ab dem 26. Oktober gingen österreichische und kroatische Truppen gegen die Aufständischen vor, die Stadt wurde unter Feuer genommen. Erneut wurde auch rund um den Stephansdom hart gekämpft, am 31.10. hatten die regierungstreuen Truppen die Innere Stadt endgültig erobert. Insgesamt forderten die Unruhen im Oktober 1848 rund 2.000 Todesopfer. An den Schusswechsel im Stephansdom am 6. Oktober 1848 erinnern einige Einschussspuren im Stein der Südwand vor dem Turm. Neben Kanonenfeuer hat auch der Brand 1945 dem Stephansdom sehr zugesetzt. Die zeigt das Zeitprotokoll des Ablaufes vor und während des Brandes vom 11. auf den 12. April, aufgezeichnet von dem Wiener Publizisten Jörg Mauthe, gelesen in einem Pfarrführer aus dem Jahre 1958:

SONNTAG, 8. APRIL

Truppen der deutschen Wehrmacht kontrollieren noch immer auf ihrem Rückzug den ersten Wiener Gemeindebezirk, die Innere Stadt. In den frühen Nachmittagsstunden Bombenangriff russischer Flieger. Eine Bombe fällt neben den Hochturm von St. Stephan, eine andere durchschlägt das rechte Seitenschiff. Kein bedeutender Schaden. Aber eine andere Gefahr droht: Feuer! Die Häuser des Stephansplatzes gegenüber dem Riesentor sind in Brand geraten. Der ewig durch Wien fegende Wind überschüttet den Dom mit einem wahren Funkenregen. Das Gerüst des unausgebauten Turmes beginnt zu brennen. Unter großer Mühe einiger weniger freiwilliger Helfer – die Wiener Feuerwehr war bekanntlich mitsamt ihren Geräten von Wien abgezogen worden – kann das Feuer gelöscht werden. Auch ein Brandherd auf dem hohen Turm, dem „Steffel", unterhalb der „Pummerin", wird rechtzeitig entdeckt und beseitigt. Am Abend scheint alle Gefahr gebannt. Doch um 10.30 Uhr neuer Alarm: Die Turmspitze brennt! Inmitten des Artilleriefeuers, ohne Rücksicht auf den Funkenflug, bekämpft eine Handvoll Männer allein mit Wassereimern den Brand in 120 m Höhe. Mit Erfolg. (...)

MITTWOCH, 11. APRIL

Um die Mittagszeit eröffnen deutsche Batterien von jenseits der Donau starkes Feuer auf den Stadtkern von Wien. Der Turm von St. Stephan erhält neue Treffer, das Dach des Doms wird an vielen Stellen durchlöchert. Banden, hauptsächlich ziviler Plünderer, ziehen umher. Nach ihrem Abzug beginnen die bisher noch nicht zerstörten Häuser des Stephansplatzes von unten zu brennen. Starker Funkenflug. Der Wind dreht sich und trägt das Feuer auch in das Curhaus. Über dem Dom geht ebenfalls ein neuer Funkenregen nieder. Brandherde im Dach über dem rechten Seitenschiff können gelöscht werden. Ebenso ein neuer Brand im hohen Turm.

DONNERSTAG, 12. APRIL

Zwischen 0.00 Uhr und 1.00 Uhr früh fängt das Gerüst des nicht ausgebauten Nordturmes abermals Feuer. In kurzer Zeit entwickelt sich eine hohe Feuersäule. Prasselnd steigt sie gegen den Himmel. Diesmal reichen die Kräfte nicht mehr. Die Handvoll todesmutiger Männer steht einem hoffnungslosen Werk gegenüber. Weitere Kräfte heranzuziehen, ist unmöglich. Die Katastrophe ist da: Das Feuer greift auf das Innere des Turmes über und frisst sich in das hölzerne Glockengestühl ein. Bald bricht es zusammen. Brennende Balken fallen auf das Dach des Langhauses und stecken es ebenfalls in Brand. Um zirka 11.00 Uhr vormittags steht bereits der ganze Mittelteil des gewaltigen Dachstuhles in Flammen. Ein einziges Lichtbild von der Katastrophe gibt diese Situation wieder. Um 13.00 Uhr sinkt der Dachreiter auf dem First des Chordaches um. Der Glockenstuhl des Hauptturmes wird ein Opfer des Feuers. Binnen kurzem ist er zerstört. Die „Pummerin" zerspringt und fällt mit den brennenden Balken in das Kircheninnere neben den Eingang. Durch eine große Gewölbeöffnung über der Orgel fällt – es ist bereits Donnerstag Nachmittag – Glut in das Orgelwerk. Im Nu brennt es lichterloh und entwickelt im Kircheninneren eine furchtbare Hitze. Schließlich springen die Flammen noch auf das Innere des südlichen Heidenturmes über. Noch immer glaubt man, das Innere der Kirche mit Ausnahme der großen Orgel und des „Wimpassinger Kreuzes" erhalten zu haben ...

FREITAG, 13. APRIL

Kurz war diese Hoffnung. Um 4.15 Uhr früh stürzt eine Stützmauer des Dachstuhles ein, durchschlägt die Gewölbe, zertrümmert die Emporen und das gotische Chorgestühl. Alles brennt augenblicklich. Die Katastrophe war vollständig.

Über das rätselhafte „Wimpassinger Kreuz" gibt es Folgendes zu berichten: Einer alten Legende nach soll das 16 Meter lange Kreuz in der Donau schwimmend entdeckt worden sein. Nach einigen vergeblichen Bergungsversuchen soll es schließlich einem Minoritenmönch gelungen sein, das riesige Kreuz mit seinem Ordensgürtel in der Rossau an Land zu ziehen. Es wurde in den Stephansdom gebracht und dort als besonderer Kultgegenstand verehrt. 1350 wurde das Kreuz in die Minoritenkirche überführt, wo es bis zum Jahr 1784 aufgestellt war. Als die Minoriten nach der Auflösung des Trinitarierordens die Betreuung des Allgemeinen Krankenhauses übernahmen, kam das Kreuz in die Alserkirche und bald darauf nach Wimpassing. Erst 1938 brachte man es an seinen ursprünglichen Aufstellungsort im Stephansdom zurück. Hier wurde es wie geschildert ein Opfer des großen Brandes vom April 1945.

Kunsthistorische Untersuchungen haben inzwischen die Zugehörigkeit des Kreuzes zu der sogenannten „Gaibaner Gruppe" (Prachthandschriften mit Blattgold und Deckfarbenmalerei in italo-byzantinischem Stil) bewiesen. Das aus Lärchenholz gefertigte Kreuz war auf beiden Seiten mit Pergament überzogen und prachtvoll in diesem aus Padua stammenden Stil bemalt. Das Kunstwerk wurde aber nicht in Padua, sondern vermutlich in Salzburg unter Erzbischof Wladislaw, einem Vetter König Ottokars II., von Paduaner Künstlern geschaffen. Man kann sich gut vorstellen, dass das Riesenkreuz dann auf dem Wasserweg nach Wien gelangte, wie die alte Sage berichtet. (Nach einer freundlichen Mitteilung von Dr. Ingrid Hänsel)

Vor 1945 brannte der Dom auch schon mindestens viemal, und zwar in den Jahren 1258, 1276, 1449 (in diesem Jahr als Folge von Blitzschlag, wobei erhebliche Schäden am Südturm entstanden) und 1514.

Außerdem hat der Steffl auch schon einige Erdbeben überstehen müssen, das stärkste dürfte von 15. auf den 16. September 1590 stattgefunden haben. Damals brachen aus dem Südturm oberhalb der Uhr zahlreiche Verzierungen heraus, und die Spitze verbog sich um rund zwei Meter seitwärts.

Doch nicht nur einige Katastrophen und unzählige Leichen säumen den geschichtlichen Weg des Stephansdoms, er beherbergt auch „heilige" Gegenstände von so manchen Toten, die als kostbare RELIQUIEN verehrt werden.

Die christliche Reliquienverehrung steht in unmittelbarem Zusammenhang mit der Heiligenverehrung, die wiederum auf der Märtyrerverehrung basiert.

Es wird zwischen Primär- und Sekundärreliquien unterschieden, also zwischen „echten" und Materialien, die mit „echten" in Berührung gekommen waren. Beide gelten als ebenbürtig und gleichbedeutend in ihrer Wirksamkeit.

Alljährlich strömten früher am ersten Sonntag nach Ostern, am Weißen Sonntag, die Bewohner Wiens einst in Scharen auf den „Stephansfreithof". Dort stand an der Einmündung der Rotenturmstraße seit dem Jahr 1483, das waren die letzten Jahre der Regierungszeit Kaiser Friedrichs III., an der Nordwestecke ein seltsamer viereckiger Bau, aus Quadersteinen errichtet, mit einem großen Bogen und arkadenartigen Fensteröffnungen darüber: der alte Heiltumstuhl. Durch seine Spitzbogenfenster, die mit herabhängenden Teppichen geschmückt waren, zeigte die Priesterschaft von St. Stephan den zu ebener Erde versammelten Gläubigen alljährlich an diesem Weißen Sonntag den Reliquienschatz der Domkirche. Mit der Zeit behinderte der Heiltumstuhl allerdings den Verkehr, und so musste er etwa 1700 abgetragen werden.

Doch die Menschen unternahmen diese Heiltumsfahrten auch in andere Länder, sie reisten oft tagelang, um „Reliquien zu schauen“, wobei die riesigen Menschenansammlungen den mittelalterlichen Städten mitunter große Probleme brachten, sowohl auf dem Gebiet der Verpflegung als auch der Hygiene und der öffentlichen Ordnung. Allerdings konnte mit den Spenden der Pilger der Bau oder Weiterbau von Kirchen finanziert werden.

Hinter der Heiltumszeigung, bei der auch in St. Stephan beinahe Volksfeststimmung herrschte, stand eine lange Tradition: Nach dem Märtyrertod des Bischofs und Heiligen Polykarp von Smyrna 155 oder 156 n. Chr. und der Verbrennung seiner Leiche durch die Heiden schrieben die Christen: „So konnten wir nachher wenigstens seine Gebeine sammeln, die uns mehr wert sind als Edelgestein und köstlicher als pures Gold.“ Die im Verlauf des 4. Jahrhunderts erfolgten Auffindungen, vor allem des heiligen Kreuzes sowie der übrigen Marterwerkzeuge Christi in Jerusalem, steigerten im gläubigen Volk das Verlangen, Gegenstände zu besitzen, die zum Leben Christi, seiner Mutter oder bekannter Heiliger in Beziehung standen. Bald trachtete jede bedeutendere Kirche einen möglichst großen Schatz an Reliquien zu besitzen.

So war es wohl auch bei St. Stephan in Wien. Man kann mit Sicherheit annehmen, dass die von den Passauer Bischöfen in der ersten Hälfte des 12. Jahrhunderts erbaute Pfarrkirche schon Reliquien, Heiltümer, besessen hat – eine Ablassurkunde des Jahres 1277 spricht bereits von den Heiligen, die in der Pfarrkirche St. Stephan ruhen, und aus dem Jahr 1327 ist uns ein erstes Zeugnis einer Reliquienweisung überliefert.

Der eigentliche Begründer des Reliquienschatzes von St. Stephan war Herzog Rudolf IV., er wusste natürlich auch um die Bedeutung eines solchen möglichst großen Schatzes für die Stellung einer Kirche – je mehr Reliquien, umso bedeutender die Kirche.

So übergab er seine bereits vor seinem Regierungsantritt im Jahr 1358 erworbenen und in seine Kapelle in der herzoglichen Burg beim Widmertor gestifteten Heiltümer später in wiederholten Schenkungen an die Stephanskirche, beispielsweise einen Sarkophag, in dem die Leiber dreier heiliger Männer enthalten waren, darunter jener des Heiligen Papstes und Märtyrers Urbanus.

Insgesamt 16 erhaltene Inventarlisten geben Aufschluss über den riesigen Wert des Schatzes, aber auch über die großen Verluste in Kriegszeiten.

Dass die Schatzkammer von St. Stephan bei den Zeitgenossen bald in höchstem Ansehen stand, beweist unter anderem die Nachricht,

Der Heiltumsstuhl. Am Weißen Sonntag, dem Sonntag nach Ostern, zeigte man hier der Bevölkerung die Reliquienschätze von St. Stephan.

Die Reliquienschatzkammer von St. Stephan war berühmt für ihre kostbaren Kreuzreliquiare.

dass der damals in Wien weilende Matthias Corvinus am 24. Oktober 1485 die Reliquien bei St. Stephan als besondere Sehenswürdigkeit besichtigt hatte. Von Dr. Johann Eck, dem bekannten Gegner Martin Luthers, der anlässlich einer Disputation im Jahr 1516 in Wien weilte, ist der Ausspruch überliefert, dass der Reliquienschatz in St. Stephan nur von jenem des Kölner Domes übertroffen würde.

Bald nach der Erfindung der Buchdruckerkunst entstanden, im Wetteifer der einzelnen Kirchen, gedruckte Verzeichnisse ihrer Heiltümer, die sogenannten Heiltumbücher. Wohl zu einer Zeit des höchsten Glanzes der Reliquienschatzkammer von St. Stephan wurde auch in Wien im Jahr 1502 von dem angesehenen Wiener Bürger und Ratsherren Matthäus Heuperger ein solches Heiltumbuch herausgegeben und bei dem bekannten Wiener Buchdrucker Johann Winterburger gedruckt.

Zwei Reliquien, die in der Beschreibung des Heiltumbuches von 1502 erwähnt sind, befinden sich heute im Diözesanmuseum: Zum einen ein Kreuzreliquiar aus der von Rudolf IV. angelegten Sammlung, in einer Fassung aus der Mitte des 14. Jahrhunderts, in einem Schaubehälter aus dem Jahr 1514, im Heiltumbuch angeführt als „ain merklich stuckh des heiligen Kreytz im fewer bewart mit kostlichen Edlen steinen geziert". Das zweite Stück, ein Andreaskreuz-Reliquiar, das sich unverändert bis auf den heutigen Tag erhalten hat, ist im Heiltumbuch beschrieben als „ain kreitz vonn dem holtz daran sand andre gekrewzigt ist worden".

In der heutigen Reliquienkammer befinden sich noch zwei weitere altehrwürdige Reliquien: das Tischtuch vom Letzten Abendmahl als „ain wolgezierts vergults plenari darinn des Tischtuchs auf dem der Herr Jhesus mit seinen Jungeren das lesst abendessen hat gees-

Dazu zählte etwa auch ein Span vom Kreuz Jesu. Holzschnitte im „Heiligthumbuch" des Matthäus Heuperger (1502).

sen", sowie auch „ain wolgeziers gross plenari silberein vergult, darinn das tuech darynn der Herr Cristus im grab gelegen ist".
Reliquien hielten im Volk stets die Erinnerung an biblische Begebenheiten wach, so bewahrte und zeigte man in Wien beispielsweise folgende Dinge: eine Windel des Jesuskindes, zwei mumifizierte Kinderkörper aus Bethlehem, ein Weihrauchkorn von den Gaben eines der drei heiligen Könige, ein Stück des Schleiers der Gottesmutter, den Gürtel Mariens, ein Brot aus der wunderbaren Brotvermehrung, einen Blutstropfen Christi, einen Stein von der Steinigung des heiligen Stephanus, drei Dornen aus der Dornenkrone Jesu Christi, ein Gefäß mit Jesu blutigem Schweiß, einen Nagel des Kreuzes, einen Stein von der Geißelsäule, Myrrhe und Weihrauch aus dem Grab Christi und einen Zahn Johannes des Täufers.
Spätere historisch-kritische Zeiten haben solche Schaustücke allmählich ausgeschieden. Nur mehr einige Erinnerungs-Reliquien – beispielsweise ein Stück des Tischtuchs vom letzten Abendmahl – dieser Art haben sich in der Schatzkammer von St. Stephan auch tatsächlich erhalten.
Heute bemüht sich die Kirche, in zeitgemäßer Form an die alten Traditionen anzuschließen. Die Reliquienkammer von St. Stephan beherbergt seit dem Ende des 20. Jahrhunderts eine kleine Anzahl „moderner" Reliquien, beispielsweise von Seligen wie Restituta Kafka, Anton Maria Schwartz (Priester und Gründer eines katholischen Männerordens), Jakob Kern (Mitglied des größten katholischen Ordens regulierter Chorherren) und Kaiser Karl.
In den letzten Jahren wird auch wieder alljährlich ein Reliquienfest gefeiert und damit an eine alte Wiener Tradition erinnert.
Quelle: Erzdiözese Wien, Archivarin Annemarie Fenzl

Eine der kostbarsten Reliquien, die heilige Vorhaut von Jesus, befand sie allerdings nie im Dom, wo genau sie aufbewahrt ist, weiß niemand so genau – ihre Spur verliert sich im Frankreich des 18. Jahrhunderts.

Die Beschneidung des Heilands ist auf dem um 1530 entstandenen Epitaph der Familie Straub, aus der Johann Straub als Kirchenmeister von St. Stephan hervorging, dargestellt. Es befindet sich ganz hinten an der südlichen Außenmauer des Doms.

Der Großteil des „heiligen Schatzes" von St. Stephan befindet sich in einem kleinen gotischen Raum oberhalb der Prinz-Eugen-Kapelle, in der 1440 vollendeten Reliquienkammer oder **VALENTINSKAPELLE**, die über eine von der Westempore ausgehenden Wendeltreppe erreichbar ist.

In diesem Raum, dem kältesten Punkt im Dom, werden in liebevoll verzierten Schränken, Vitrinen, Schreinen und anderen Behältnissen Knochensplitter, Schädel und Skelette von Heiligen aufbewahrt. In der Mitte der Kammer ruhen in einem Glassarg die Gebeine des heiligen Valentin. Um die knöcherne Stirn windet sich ein Lorbeerkranz, der Gesichtsschädel ist von einem halbdurchsichtigen Tuch bedeckt, und an den Füßen trägt das Skelett goldbestickte Schuhe. Ein weiteres Knochengerüst liegt an der Wand, es ist auf schwarze, blumenbestickte Samtkissen mit Goldkordeln gebettet und trägt einen Rosenstrauß aus Silber- und Goldfäden in der Knochenhand, die Rippen sind mit ebensolchen Fäden umwickelt.

Des Weiteren befinden sich in diesem Raum unter anderem ein goldgerahmtes Stückchen Stoff mit einer Träne der Maria Pócs und Staub vom Körper Franz von Assisis. Daneben belegen Urkunden, mit besiegelter Bestätigung eines Bischofs, die Authentizität der Gegenstände.

Weitere Reliquien sind seit 1933 im Diözesanmuseum und in der Wiener Schatzkammer untergebracht und ausgestellt, zum Beispiel der Zahn von Johannes dem Täufer, Partikel vom Kreuz Christi oder die heilige Lanze. Sie enthält angeblich ein Stück eines Nagels vom Kreuz Christi und gehörte der Legende nach entweder Mauritius, dem Anführer der Thebaischen Legion, oder dem römischen Hauptmann Longinus, der mit ihr den Tod Jesu überprüfte, so dass sie auch mit dessen Heiligem Blut getränkt sein soll.

Ein Lorbeerkranz windet sich um die verhüllte Märtyrerstirn:
die Gebeine des heiligen Valentin in der Valentinskapelle.

Im Museum befinden sich außerdem auch 12 Goldmünzen
König Sigismunds aus dem 15. Jahrhundert, die bei den Renovierungsarbeiten nach dem Brand 1945 in einer Nische eines
Heidenturms gefunden worden waren.

Der **WIENER NEUSTÄDTER ALTAR**, wahrscheinlich eine Stiftung
von Friedrich III. für die Kirche des Zisterzienserstifts Neukloster in Wiener Neustadt, beherbergt die Nachbildung des Turiner Grabtuchs, des angeblichen Leichentuchs Jesus. Das
Original, ein 4,36 Meter langes und 1,10 Meter breites Stück
Leinenstoff, liegt im Dom zu Turin, seine Echtheit als Bedeckung des toten Körpers von Jesus Christus wird jedoch stark
bezweifelt.

Das „wahre Antlitz Christi" auf dem Stück Stoff ist übrigens
ident mit der Abbildung auf einem Schlussstein in der Katharinenkapelle des Stephansdoms.

Der Wiener Neustädter Altar, auch „Friedrichsaltar" genannt,
gilt mit der Datierung auf 1447 als ältester Doppelflügelaltar,
der in Österreich noch erhalten ist. Sein Schrein ist mit Skulpturen versehen, die Vorderseiten der Innenflügel sind mit Reliefs, die anderen Flügelseiten mit Gemälden, verziert. Auf dem
Sockel ist zweifach die Aufschrift A.E.I.O.U. angebracht.

Eine weitere Reliquie stellt ein Stück Hirnschale des heiligen
Stephanus vor dem ehemaligen barocken **HOCHALTAR** im Mittel-

Der barocke Hochaltar. Aus Joseph Ogessers Werk „Beschreibung der Metropolitankirche zu Sanct Stephan in Wien" (1779).

chor dar, auf dem auch die Steinigung des Schutzpatrons von St. Stephan dargestellt ist.

Diese „heiligen Relikte" aus alten Zeiten müssen jedoch nicht unbedingt als das angesehen werden, was sie sein oder darstellen sollen, sondern als das, was sie einmal waren: Schätze für machtorientierte Herrscher und politisch agierende Gottesmänner, die ihre Kirche in den Mittelpunkt des christlichen Universums rücken wollten. Auf der anderen Seite fungierten die Gegenstände als eine Art Beweismaterial fürs primitive Volk, da sie die Existenz von Jesus und Personen aus seinem Dunstkreis glaubhafter machten und die von den „heiligen Schätzen" beeindruckten und geblendeten Menschen damit ruhig gestellt werden konnten – so gelang es der Kirche mit der Präsentation der Reliquien die beim sorgen- und angstbelasteten Volk aufkeimenden Zweifel an der Existenz Gottes immer wieder im Keim zu ersticken.

Durch die Anbetung der verehrungswürdigen Gegenstände erwarteten sich Kranke Heilung, Schwache Kraft, Traurige Trost, Resignierende Hoffnung und Sünder die Vergebung ihrer Untaten.

Warum Heilige verehrten wurden, ist ebenfalls leicht erklärt: Der Durchschnittsmensch im Mittelalter war einfach und bescheiden, kaum einer davon sah seinen Herrscher auch nur einmal in seinem Leben, geschweige denn von Nahem. Und suchte ein Bauer oder Handwerker das dringende Gespräch mit dem Monarchen, beispielsweise bei einem Begnadigungsgesuch, musste ein Mittler, ein Graf, Fürst oder Vogt, für ihn vorsprechen. So ähnlich verhielt es sich mit dem direkten Kontakt zu Gott – mit dem konnte auch nicht einfach so gesprochen werden. Doch die Heiligen hatten stets ein offenes Ohr für die Sorgen, Nöte und Alltagsprobleme der Menschen und fungierten als Mittler zum „Boss".

Gemäß den Regeln der katholischen Kirche dürfen Heilige jedenfalls nur angerufen, nicht aber angebetet werden, denn „du sollst keine anderen Götter haben neben mir", sie haben also keinesfalls göttliche oder magische Kräfte.

So ein „Heiliger" war zum Beispiel auch ST. KOLOMAN.

Im Bischofstor des Stephansdoms befindet sich seit 1362 der KOLOMANISTEIN, der nach dem irischen Pilger und Märtyrer

St. Koloman benannt und, laut nur noch teilweise lesbarerem gotischem Schriftzug am Rahmen, auf Anweisung von Rudolf IV. hier eingemauert wurde. Dahinter hatte der Herrscher zahlreiche Reliquien verborgen, außerdem einen Pergamentstreifen, auf dem stand, dass sich auf dem Stein Blutspuren von Koloman befinden würden.

Laut Legende war der irische Pilger aus königlichem Geschlecht, verehrt wegen seiner Heilkräfte, auf dem Weg ins Heilige Land gewesen, als er im Jahr 1012 in Niederösterreich in der Nähe von Stockerau wegen seiner fremdartigen Kleidung der Spionage verdächtigt wurde. Durch Foltern wie Geißelung oder Zwicken mit glühenden Zangen, die Legende spricht sogar vom Durchsägen seiner Schienbeine bei lebendigem Leibe, sollte ein Geständnis von ihm erzwungen werden. Doch da niemand seine Sprache verstand, einigten sich die Peiniger kurzerhand darauf, das suspekte Individuum an einem Baum zu henken.

Bei einer mittlerweile abgestorbenen Pflanze hinter dem Kloster St. Koloman in Stockerau soll es sich um besagten Baum handeln.

Als zum Tode Verurteilter ist Koloman nicht begraben worden, und so war zu beobachten, dass sein Leichnam auch nach einiger Zeit keine Verwesungsmerkmale zeigte. Als sich dann auch noch zahlreiche Wunder in Stockerau und Umgebung ereigneten, wurde der Ire endlich in der Basilika beigesetzt. Durch die Verehrung des Volkes aufgrund weiterer Wunder an seinem Grab, das auch von der Hochwasser führenden Donau verschont geblieben sein soll, ließ es eine Kommission öffnen und fand die Leiche unverwest vor. 1014 veranlasste Heinrich I. die Überführung des Körpers nach Melk, wo sich die Gebeine des offiziell nie heilig gesprochenen Koloman bis heute befinden, und zwar im Stift, das vermutlich sogar ihm zu Ehren erbaut wurde. Der Schädel des Pilgers ist allerdings angeblich in Ungarn geblieben, wo sich die Knochen des Märtyrers auch irgendwann einmal aufhielten, sein Unterkiefer jedoch wird seit 1752 in der „Kolomanimonstranz" im Stift Melk aufbewahrt und jährlich am Kolomanitag gezeigt.

Der irische Pilger gilt als Schutz„heiliger" für Gehenkte, Reisende und Vieh sowie gegen Kopf- und Fußleiden, Pest, Un-

Der wundertätige Kolomanistein. Durch Berühren soll sich die Kraft des Steins auf den Besucher des Doms übertragen.

wetter und Mäuseplagen. Koloman wurde zum Landespatron von Österreich, bis ihn der Heilige Leopold ablöste. Er blieb aber weiterhin Patron von Stockerau und Stift wie Stadt Melk. Zurück zum Stephansdom. Beim Betreten des Kirchenraums durch das Bischofstor pflegten die Besucher den Kolomanistein zu berühren, weshalb dort eine deutliche Mulde zu sehen und ertasten ist.

Es wird außerdem angenommen, dass Friedrich II. die Virgilkapelle, die auf jenen Punkt am Horizont ausgerichtet ist, wo an Kolomans Namenstag am 13. Oktober die Sonne aufgeht, als Grabmal für diesen Heiligen errichten ließ. Es existieren auch Urkunden aus dieser Zeit, die diese Vermutung bestärken.

DER DOM UND SEIN UMFELD IN FRÜHERER ZEIT

DIE MITTELALTERLICHE MITTE WIENS – RUND UM DEN STEPHANSDOM

m mittelalterlichen Wien verbrachten „brave" Bürger große Teile ihrer Freizeit in der Kirche, die Männer danach auch noch im Gasthaus, wo sie sich mit Brettspielen die Langeweile vertrieben. Die Frauen hatten daheim die Dienerschaft ihres meistens aus vier bis sechs Personen bestehenden Haushaltes zu beaufsichtigen, die Kinder zu versorgen und auszubilden, sie kümmerte sich um Essen und Trinken, um die Kleidung der Familie und, wenn vorhanden, um Garten und Vieh. Im Betrieb des Gatten übernahmen die Frauen oft die Buchführung, den Verkauf der Waren und die Beaufsichtigung der Lehrlinge, als Beruf übten sie den der Magd, der Krämerin oder der Hebamme aus, manche verdienten ihr Geld auch durch Betteln oder Prostitution.

Zu damaligen Zeiten verkauften auch viele Nonnen ihren Körper für Geld, da es für sie die einzige Möglichkeit war, ihren Lebensunterhalt zu finanzieren.

Im 1306 von reichen Bürgern gestifteten **BÜSSERINNENKLOSTER**, der heutigen Franziskanerkirche im 1. Bezirk, sollten „gefallene" (Ordens-)Frauen auf den Pfad der Tugend zurückfinden, was über zwei Jahrhunderte lang mehr schlecht als recht funktionierte. Doch im Laufe der Zeit wurden die finanziellen Nöte der (Ordens-)Frauen immer größer, und anstatt zu büßen, gingen sie lieber wieder ihrem lukrativen Job nach. 1543 leitete eine Nonne namens Juliane Kleeberger, selbst ehemalige Prostituierte, das Haus und erlaubte ihren Schäfchen sogar in den Räumlichkeiten Orgien zu feiern. Sie verstarb 1553. Im Jahr 1572 wurde aus dem Büßerinnenkloster eine städtische „Jungfrauenzuchtschule", 1589 übernahmen die Franziskaner das Gebäude.

Die Körperpflege nahm mit der Zeit eine wichtige Stellung im täglichen Leben der Menschen ein. Wasser musste bis 1565 allerdings aus tiefen Brunnen geschöpft werden, weshalb jeder Verwendung beschwerliche Arbeit vorausging. Gelegentlich gingen die Menschen in Badestuben, in Wien seit 1300 urkundlich erwähnt, von denen das Stubenviertel und der Stubenring ihren Namen haben. Nach dem Besuch der Schwitzsauna saßen Männer und Frauen gemeinsam in großen Bottichen zusammen, plauderten, lachten und aßen. Gereinigt wurden sie von den „Badewibln" mit aus Frankreich oder Italien importierten Seifen. Nicht selten hatten Badegäste bereits in der Sauna oder im Zuber Sex oder aber später in einer der Seitenkammern.

Relativ unhygienisch ging es hingegen bei Entleerung von Blase und Darm zu, die Toiletten waren in den Innenhöfen der Wohnanlagen über bis zu acht Meter tiefen Gruben angebracht und mit Querbalken zum Draufsetzen versehen. War eine

Prozessionen schließen die Verbindung zwischen dem Kraftzentrum Stephansdom und den übrigen Kirchen. So trägt man die Gnadenstatue Maria mit dem Beil alljährlich von der Franziskanerkirche zum Dom.

Grube voll, konnte man sie dekompostieren und benutzte inzwischen eine andere. Der Urin wurde zum Gerben von Leder verwendet.

Außerdem gab es noch die sogenannten Toilettenerker an den Hauswänden, wobei die Exkremente direkt auf die Straße oder in den Garten fielen. Ab dem 13. Jahrhundert wurden die Toilettensitze mit geschlossenen Wänden umgeben – damit war ein kleines Haus entstanden, das die Wiener mundartlich als „Häusl" bezeichneten.

Ernährt haben sich die Leute im Mittelalter hauptsächlich von Brot, Wein und Fleisch, Gemüse gab es wenig, und wenn, dann nur in der Saison. Vor allem die Zwiebel war sehr beliebt, da sie erstens in vielen Speisen die Funktion des Geschmacksträgers übernahm, zweitens die Herren an ihre potenzfördernde Wirkung glaubten. Die Fleischportionen wurden zuerst mit einer Art Dolch, danach mit den Händen zerteilt und mit den Fingern in den Mund gesteckt, manchmal auch mit einem kurzstieligen Löffel, den man in der Faust hielt. Die Hände wischten sich die Menschen nicht nach dem Essen ab, sondern davor, und zwar am Tischtuch. Später wurde das öffentliche Händewaschen eingeführt. Jedenfalls herrschte in Wien stets große Genussfreudigkeit vor.

Aber es gab auch eine andere Seite der mittelalterlichen Stadt: die der Räuber, Halunken und Prostituierten, der Armut und der Seuchen.

Der Italiener **ENEA SILVIO PICCOLOMINI**, der sich als Sekretär von Friedrich III. einige Zeit in Wien aufhielt, berichtete um das Jahr 1455 Folgendes in seinem Werk *Historia Friderici III. im peratoris*:

Übrigens gibt es in dieser so großen und vornehmen Gesellschaft viel Eigenartiges. Tag und Nacht werden Raufereien nach Art eines Kampfes geführt; nun ergreifen die Künstler gegen die Studenten die Waffen, dann greifen die Beamten gegen die Künstler, daraufhin ergreifen diese Handwerker die Waffen gegenüber den anderen. Selten feiern sie ohne Totschlag, oft werden Morde begangen.

Fast alle Bürger beitreiben Weinstuben, sie beheizen die Stuben, sie richten Küchen ein, sie locken Trinker und Dirnen an und gewähren diesen kostenlos irgendetwas zu essen, damit sie mehr trinken. Aber sie schenken ihnen zu wenig ein.

Der Pöbel (das niedrige Volk) ist dem Bauch ergeben (fresssüchtig), und was auch immer es in einer Woche mit der Hand verdient hat (gearbeitet hat), das gibt es an einem Festtag (Wochenende) wieder aus. Das niedrige Volk ist zerlumpt und ungehobelt.
Sehr groß ist die Zahl an Dirnen (Huren). Selten ist eine Frau mit nur einem Mann zufrieden … das Recht ist vollkommen käuflich, wer kann, sündigt ohne Strafe.

Er schreibt außerdem, *dass hier aus schmutzigen Holzbechern getrunken wird, die nur einmal im Jahr gereinigt werden. Die Tischtücher* seien *dreckig und klebrig.*

In Italien wurde damals bereits mit Gabeln gegessen und Servietten waren in Gebrauch.

Das Volksgetränk Nummer eins in Wien war das Bier. Um seine Haltbarkeit zu verlängern, fügten die Brauer dem Gerstensaft nicht selten die Pflanze „Gagel" (wurde auch zum Gerben und als insektenvertreibendes Mittel verwendet) hinzu, was zum Erblinden oder sogar zum Tod führen konnte. Trotz dieser gefährlichen Nebenwirkungen wurde dieses Brauverfahren erst im 18. Jahrhundert verboten. Gegen Ende des 13. Jahrhunderts wurde das Bier gewerbsmäßig produziert, es herrschte ein reichliches Angebot an unterschiedlichsten Biersorten vor: Wacholderbier, Lavendelbier, Ingwerbier und viele mehr. Im Jahre 1516 war mit dieser Biervielfalt Schluss. Herzog Wilhelm IV. von Bayern erließ ein Reinheitsgebot, das in Deutschland noch heute gültig ist. Bier durfte ab diesem Zeitpunkt nur noch aus den reinen Naturprodukten Hopfen, Malz und Wasser hergestellt werden.

Im Mittelalter wurde in Wien an jeder Ecke musiziert und gesungen – in den Straßen und Gassen erklangen die verschiedenartigsten Melodien von fahrenden Musikanten, die von Stadt zu Stadt zogen oder sich in Musikerzechen organisierten, und die lieblichen Weisen der Minnesänger wie auch die derben Lieder übermütiger Studenten.

Die Wiener Stadtmusikanten hatten sich jeden Vormittag eine Stunde lang vor dem Stephansdom zu versammeln, um meldepflichtige Aufträge entgegenzunehmen.

Die Leute versammelte sich gerne auf den größeren Plätzen um zu lachen, tratschen und Informationen auszutauschen und vergaßen dabei ihre Alltagssorgen.

Auch in der Kirche gaben sich manche Menschen ausgelassen und wenig ehrfurchtsvoll.

Ein Herr Anton Maus, Oberaufseher über die kaiserlichen Wächter bei St. Stephan, äußerte sich 1714 grantig zu „gewissen Vorfällen": Die Leute würden den Altären teilweise frivole Spitznamen geben, die „Weiber" ihr Federvieh quer durch die Kirche treiben und die Freudenmädchen ein und aus gehen, wie es ihnen beliebte.

Das Leben zu jener Zeit war also durchaus nicht nur düster und unerfreulich, auch wenn die Furcht der damals sehr ängstlichen und abergläubischen Menschen, vor allem vor dem Zorn Gottes, allgegenwärtig gewesen ist.

Rund um St. Stephan herrschte immer buntes Treiben.
Kolorierter Kupferstich von Carl Schütz, 1812.

„Das ist kein totes Inventarstück, das wir von unseren Vätern übernommen
haben. Dieser Raum erzählt uns unsere Geschichte. Alle Generationen haben

daran mitgearbeitet, alle in ihrer Sprache ..." (Adolf Loos):
der Stephansplatz. Aquarell von Rudolf von Alt aus dem Jahre 1834.

In der näheren Umgebung des Stephansdoms wird es im Mittelalter relativ streng gerochen haben, einerseits aufgrund der unhygienischen Zustände und sanitären Gegebenheiten, andererseits kam der Gestank von den in der Singerstraße angesiedelten Webern, Färbern und Filzern.

Heute hingegen liegt der Duft von Pferdeäpfeln und Autoabgasen in der Luft rund um den Dom.

Der größte Teil des Stephansplatzes, dessen Hausnummern gegen die üblichen Regeln entgegen dem Uhrzeigersinn laufen, ist von historischen Bauwerken umgeben. Nur gegenüber dem Westwerk fielen die alten Häuser dem Brand 1945 zum Opfer, anstelle derer sind Neubauten entstanden.

Auf Nummer 2 stand ab 1897 das **WELTKUGELHAUS**, das seinen Namen von dem Globus bekam, den der Besitzer, das britische Reisebüro Thomas Cook & Co., dort hatte anbringen lassen. Das Haus brannte 1945 ab, wurde jedoch 1979 durch die heutige Bank Austria in seinem früheren Aussehen wiederhergestellt.

Das **CURHAUS VON ST. STEPHAN** befindet sich auf Nummer 3, es entstand von 1738 bis 1740 anstelle der Bürgerschule, welche bis zur Gründung der Universität 1365 die bedeutendste Lehranstalt der Stadt darstellte. Errichtet hat das Curhaus die Wiener Bauhütte, es war und ist Wohn-, Gäste- und Bürohaus der Priester von St. Stephan.

Auf Nummer 4 steht das **DEUTSCHORDENSHAUS** von 1667 (Zugang von der Singerstraße Nummer 7), das seit dem 13. Jahrhundert Niederlassung der Ritter vom Deutschen Orden ist. Noch heute hat hier der Hochmeister des Ordens seinen Sitz. Seit 1805 befindet sich in diesem Haus, in dessen Mauern 1903 gefundene Grabplatten eingelassen wurden, die Schatzkammer des Deutschen Ordens, zu dessen höchstem Schatz die Pergamenturkunde der Heiligsprechung für Elisabeth von Thüringen 1235 durch Papst Gregor IX. zählt.

In einer der Wohnungen des Deutschordenshauses lebte ab dem 16. März 1781 für eine kurze Zeit lang Wolfgang Amadeus Mozart, und zwar mit dem Gefolge des Salzburger Fürsterzbischofs Hieronymus Graf Colloredo – der jedoch hielt Mozart für liederlich und setzte ihn am 2. Mai desselben Jahres einfach vor die Türe. Später wohnte in diesem Haus auch Johannes Brahms.

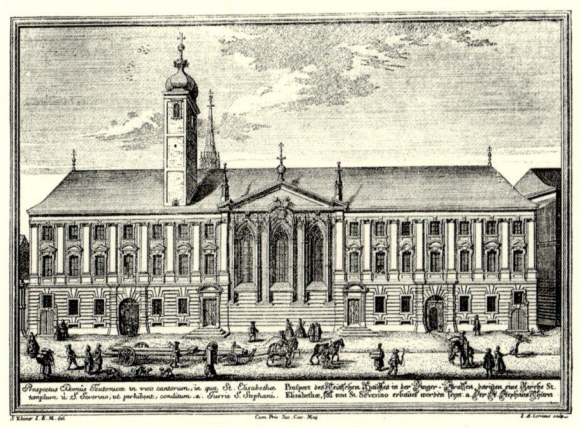

Seit dem 13. Jahrhundert Niederlassung der Ordensritter.
das Deutschordenshaus. Kupferstich nach Salomon Kleiner.

Auf 5 bis 5a befindet sich der **DOMHERRENHOF**, der von 1837 bis 1842 errichtet wurde (durch das Tor 5a geht es zur Mozartgedenkstätte in der Domgasse und zum Blutgassenviertel).
Der **ZWETTLHOF** von 1844, früher ein kleiner Häuserkomplex, der im 14. Jahrhundert dem Zisterzienserstift Zwettl gehörte, auf Nummer 6, besitzt einen Fußgängerdurchgang zur Wollzeile und weiter bis zum Lugeck. In diesem Haus befindet sich in der ehemaligen Wohnung des Dompropstes das 1933 gegründete Diözesanmuseum, in dem sich unter anderem Reste des „Heilthumschatzes" von St. Stephan und wertvolle mittelalterliche Textilien wie auch Handschriften befinden. Beim Ausgang Wollzeile schließt an der gegenüberliegenden Straßenseite ein weiterer Durchgang an, es ist der sogenannte **SCHMECKENDER-WURM-HOF**.

In einem der Keller soll ehemals ein Drache, früher auch „Wurm" genannt, gehaust haben, der einen grauenhaften Gestank verbreitete. Da „schmecken" auch für „riechen" stand, wurde das Durchhaus kurzerhand in „Schmeckender-Wurm-Hof" umbenannt.
Eine andere Geschichte erzählt von einem Mädchen, das in einem der Häuser wohnte. Als ihr Verehrer einen Blumenstrauß zum Fenster hochwarf, ließ diese ihn verächtlich fallen. Die Blumen landeten zwischen den Klauen des goldenen Alligators – das Zunftzeichen

Sagenumwobenes Relikt: der Stock im Eisen. Erstmals wird dieser älteste noch erhaltene Nagelbaum 1533 urkundlich erwähnt.

des Taschners im selben Haus. Der unglücklich platzierte Strauß erweckte den Eindruck, der „Wurm" würde an den Blumen riechen.

Das ERZBISCHÖFLICHE PALAIS auf Nummer 7 wurde 1632 bis 1641 erbaut, die Hauptfassade befindet sich auf der Rotenturmstraße Nummer 2. Das Gebäude ist seit 1723 Wohnsitz der Erzbischöfe, was an den beiden dort angebrachten Bischofswappen zu erkennen ist.

Südlich des Doms liegt der STOCK-IM-EISEN-PLATZ, der sich in früheren Zeiten außerhalb der Stadtmauern befunden hatte und als Pferdemarkt genutzt wurde. Am Haus Nummer 3, dem PALAIS EQUITABLE, das für eine amerikanische Lebensversicherungsgesellschaft errichtet wurde und auf dessen Dach ein Wikingerschiff (das angeblich zeigen soll, dass die Gesellschaft aus New York über das Wasser zu uns kam) prangt, befindet sich heute hinter einer Glasscheibe auf einer Granitsäule der „Stock im Eisen". Es handelt sich dabei um den ältesten noch erhaltenen Nagelbaum, dessen erste urkundliche Erwähnung auf das Jahr 1533 zurückgeht. Der 2,19 Meter hohe Stamm befand sich nachweislich bereits 1548 an einem der Häuser auf dem Platz. Gerüchten zufolge soll es sich bei dem Nagelbaum am Haus Nummer 3 um eine Kopie handeln, das Original befände sich im Wien Museum. Diese Annahme ist falsch – am Stock-im-Eisen-Platz ist der echte „Stock", der sein „im Eisen" nicht den Nägeln, sondern den fünf stützenden Metallspangen verdankt, zu sehen. Das Schloss, das eines dieser schmiedeeisernen Bänder ziert, ist allerdings innen hohl und somit eine Attrappe. Es ist also keine Lüge, dass es „unaufsperrbar" sei, wie es die Legende berichtet und bei Stadtführungen gerne erzählt wird. Auf der Spange ist ein eingraviertes „HB" zu sehen, vermutlich die Initialen des Hausbesitzers Hans Buettinger, der dieses Metallband 1575 erneuern ließ.

Bei dem Baum handelt es sich um den mittleren Teil einer zweiwipfeligen Zwieselfichte aus dem Mittelalter, die über und über mit Nägeln beschlagen ist.

Untersuchungen im Jahr 1975 ergaben, dass der Baum um 1400 zu wachsen begonnen hatte und etwa 1440 gefällt worden war. In der Mitte des Stamms sind die Einschläge der Axt zu sehen. Die Benagelung der Fichte begann bereits, als der Baum noch lebte – der Grund dafür ist nicht bekannt. Es kann sich jedenfalls um keinen Zunftbrauch gehandelt haben, denn die Sitte, dass durchreisende Schmiede und Schmiedegesellen sich mit einem Nagel verewigten, entstand erst im 18. Jahrhundert – auch wenn die Legende zum Stock im Eisen sich genau dieser Erklärung bedient:

Ein armer Schlosserlehrling stahl seinem Meister einen überaus kunstvollen Nagel, welcher beim Bau eines Jagdschlosses für Herzog Leopold „den Heiligen" verwendet werden sollte, das im Wienerwalde errichtet wurde. Bei der Heimkehr verirrte der Bursche sich im Walddickicht, wo ein ganz besonderer Baum stand, zu dem der Verirrte immer wieder gelangte. Erschöpft und verzweifelt sank der Verirrte unter dem Baum auf das weiche Moos und gestand sich ein, dass er sich eines großen Fehlers schuldig gemacht hatte. Er schämte sich des Diebstahls, wollte ihn aber nicht eingestehen, doch auch der Nagel sollte nicht in seinem Besitz bleiben, deshalb schlug er ihn in den Baum.

Da stand mit einem Mal der Teufel neben ihm und sprach: „Kannst du auch einen solchen Nagel und ein Schloss machen, das diesen Baum vor Axt und Säge schützt, so wäre dir geholfen."

Der Junge erschrak zwar sehr, doch fasste er Mut und sprach: „Ich habe wohl Lust und Mut, ein solches Schloss fertigen zu lernen, so ihr mir's lehren wollt und könnt."

Der Teufel hieß den Jungen mit sich gehen und lehrte ihn, so künstliche Schlösser zu fertigen wie niemand sonst auf der Welt. Diese Schlösser vermochte kein anderer Schlossermeister zu öffnen, und so verdiente der Bursche viel Gut und Geld und wurde ein reicher und angesehener Mann. Neben dem gestohlenen Nagel seines Meisters schlug er in den Baum einen gleichen ein, zum Zeichen, dass er seinem ehemaligen Chef ebenbürtig sei an Kunstfertigkeit. Er umgab den Baum, dessen oberen Teil er absägte, so dass nur noch ein Stock da stand, mit einem starken Eisenringe, hängte auch ein Schloss daran, welches kein Mensch zu öffnen vermochte, und lebte herrlich und in Freuden.

Doch es kam der Tag, an dem der Pakt um war, den der junge Schlosser mit dem Bösen geschlossen hatte, und dieser gedachte ihn zu holen. Jedoch der Schlosser hatte längst bereut, sich mit dem

Feinde eingelassen zu haben, und ging jeden Morgen in die Kirche, eine Messe zu hören. Die Kraft der Messe aber schützte den Frommen nur je 24 Stunden lang, das wusste er gar wohl, und deshalb hörte er sie täglich, und der Teufel, der auf ihn lauerte, konnte ihm nichts anhaben.

Einmal ging der Bursche in einen Keller auf Sankt Peters Platze, um vor Anfang der Kirche ein Glas Wein zum Morgenimbiss zu trinken, und verspätete sich dabei etwas. Als er endlich doch zur Kirche schritt, begegnete ihm ein altes Weib, das rief ihm zu: „Zu spät! zu spät! Die heilige Messe ist schon gelesen!" Da ließ sich der Schlosser betören und kehrte um und ging wieder in den Keller, noch ein Glas Wein zu trinken. Kaum aber setzte er den Becher an die Lippen, so trat das alte Weib von vorhin, das niemand anders als der Teufel war, auch herein, fasste und würgte ihn, drehte ihm den Hals um und hängte ihn an die Wand an einen Haken.

Im Laufe der Zeit kamen viele geschickte Schlosser und probierten, das Schloss an dem Baum zu öffnen, doch vergebens, und als sich Wien später immer mehr vergrößerte, ließ man den Stock im Eisen zum Zeichen stehen, dass bis in diese Gegend sich der Wienerwald vor Zeiten erstreckt. Und jeder wandernde Schlossergesell schlug einen Nagel hinein.

Eine andere Legende erzählt von einem Einsiedler im 15. Jahrhundert, der sich ein Bildnis der Heiligen Johanna schnitzte und dieses an einer Eiche befestigte. Nachdem ein Blitz den Baum zerstört hatte, wurde das Bildnis an einer Fichte hängend wiedergefunden. Ein vorüberkommender Schlosser brachte den Baum auf den heutigen Stock-im-Eisen-Platz, wo Erhard Marbacher und sein geschickter Geselle Martin Mur den abgestorbenen Stamm mit einer Eisenspange an der Mauer des „Stephansfreithofs" anbrachten und mit einem Schloss, das innen vernietet war, gegen Diebstahl sicherten. Jeder Schlosser, der in Folge an dem Baum vorbeikam und vergeblich versuchte, das Schloss zu öffnen, schlug einen Nagel in den Fichtenstamm. So entstand der Stock im Eisen. Das Bildnis der heiligen Johanna wurde in die Stephanskirche gebracht und dort verehrt. Eine realistische Erklärung für die mittelalterliche Benagelung ist jedoch die alte Sitte, Nägel in Kreuze, Bäume und sogar in Felsen zu schlagen, zum Schutz oder Dank der Rettung aus einer Notlage – vergleichbar mit dem Werfen einer Münze in einen Brunnen. Nägel waren im Mittelalter ebenfalls ein wertvolles Gut, das niemals achtlos weggeworfen wurde. Andere Spekulationen gehen in Richtung Fruchtbarkeitskult. Auch eine Nutzung als „Garderobe" für am Markt tätige Rosshändler, die ihre Kleidungsstücke oder auch das Pferdegeschirr an Nägeln im Baum aufhängten, ist denkbar.

Martin Mur, als äußerst fähiger Schlossergeselle, wird noch in einer anderen Sage erwähnt:

Verfertiger des Gitters aus Eisen vor dem Hochaltar der Stephanskirche soll der „Teufelsschlosser" Martin Mur gewesen sein. Als beim Anpassen sich die ungenügende Länge des Gitters herausgestellt hatte, sagte Mur zu seinem Gehilfen, diesem Umstand würde bald abgeholfen sein, worauf er ihn das eine Ende ergreifen ließ, das andere aber in die Hand nahm und es so nach der richtigen Länge zog, wobei ihm der Teufel behilflich war.

Auf der Adresse Stock-im-Eisen-Platz 2 befindet sich das Haus „ZUM GOLDENEN BECHER", in dem einer Legende nach 1549 der junge Bäckergehilfe Johann Hayn die Monstranz eines katholischen Priesters zu Boden geschleudert haben soll. Der erzürnte Geistliche ließ dem Burschen daraufhin beide Hände abhacken und die Zunge aus dem Mund reißen. Zur Erinnerung an dieses Ereignis steht in einer Nische im Hauseingang eine hölzerne Monstranz.

Der Stephansplatz, so wie er heute aussieht, entstand erst 1792. Als Kaiser Karl II. von seiner Krönung aus Frankfurt zurückkam, wollten die Wiener einen Triumphbogen errichten, was der Herrscher mit den Worten „Lasst's des" ablehnte. Mit dem gesparten Geld ließen die Stadtväter die alten Häuser, die bis fünf Meter vor dem Dom standen, wegreißen. Das waren unter anderem das Kirchenschließerhaus, in dem der Inhaber des Schlüssels für die Kirche wohnte, das Mesnerhaus, Heim des Kirchendieners, sowie das Haus des Bahrleihers, der Bahren für Begräbnisse verlieh.

Die offizielle Begründung für den Abriss lautete, die Brandgefahr einschränken zu wollen, doch jeder Domliebhaber weiß, es geschah, um dem Monument mehr Wirkung auf dem so entstandenen „leeren" Platz zu verleihen.

Mittelalterliches Bürgerhaus, im 18. Jahrhundert mit Pawlatschen und Treppe versehen: Innenhof in der Blutgasse.

Hinter dem Stephansdom liegt das **BLUTGASSENVIERTEL**, es ist einer der ältesten Stadtteile Wiens und umfasst sieben mittelalterliche Altbauten zwischen Singerstraße, Blutgasse, Grünangergasse und Domgasse, die 1965 umfangreich saniert wurden. Wo sich beispielsweise einst ab 1826 die Schubertianer und andere Künstler im Café **„ZUR LUSTIGEN BLUNZE"** trafen, um Bücher und Manuskripte zu tauschen, sind heute Eigentumswohnungen und Künstlerateliers untergebracht.

Die Fundamente der Häuser datieren mindestens bis ins 12. Jahrhundert zurück, die darauf errichteten Gebäude stammen aus dem 16. und 17. Jahrhundert.

Hinter dem Tor der Blutgasse 3 verbirgt sich ein sehenswertes Pawlatschenhaus, ein Haus, dessen Wohnungen durch schmale, offene Gänge verbunden und über Außentreppen erreichbar sind. Die Innenhöfe dieser Häuser waren als Ort der Kommunikation Lebensmittelpunkt ihrer Bewohner, sie trafen einander am Außengang, hängten dort ihre Wäsche auf, tratschten miteinander, beratschlagten oder stritten sich.

Der Grund für die Namensgebung der Blutgasse, welche die **SINGERSTRASSE** mit der Domgasse verbindet, ist historisch nicht belegt. Um 1400 hat sie „Kothgässl" geheißen, vermutlich gab es dort besonders viele Gruben voll mit Exkrementen, danach, etwa ab 1550, wurde sie „Plutgessl" genannt. Eine der Legenden, die zu dem Namen existieren, besagt, dass hier im Mittelalter Schlachträume gewesen seien, von welchen das Blut durch Rinnen in die Gasse geleitet wurde und so Richtung Donau abfließen konnte. Eine andere Geschichte erzählt, dass im Jahr 1312, während der Auflösung des Templerordens, im Fähnrichhof (Häuser Blutgasse 5, 7, und 9 sowie Singerstraße 9 und 11) so viele Templer ermordet worden sind, dass die enge Gasse voll von ihrem Blut gewesen ist. Diese Sage wurde von Historikern jedoch als unwahr erklärt. Der Fähnrichhof war damals Treffpunkt der Anführer des bürgerlichen Wachdienstes von jedem der vier Stadtviertel (Stuben-, Kärntner-, Widmer- und Schot-

Ein „Urplatz" Wiens: die Brandstätte, einst Schauplatz von Turnieren und Volksfesten.

tenviertel), die Fähnriche oder Viertelmeister genannt wurden. In der hinter dem Dom liegenden Domgasse lebte im „Figarohaus" auf Nummer 5 von 1784 bis 1787 Wolfgang Amadeus Mozart. Der Künstler ist dort oft von seinen Musikerkollegen Joseph Haydn und Ludwig van Beethoven besucht worden.

Vor dem Stephansplatz liegt die **BRANDSTÄTTE**. Es handelt sich dabei um eine 1875 geschaffene Verbindung zwischen Stephansplatz und Tuchlauben. Ihren Namen verdankt die Straße einer tatsächlichen Brandstätte, die nach einer Feuersbrunst 1276 oder 1327 als unbebauter Platz zurückblieb. Einer anderen Quelle zufolge geht die Ortsbezeichnung auf einen gewissen Heinrich an der Brandstatt zurück.

Im Mittelalter wurden auf diesem „Urplatz" Wiens zu militärischen Übungszwecken Bürgerturniere mit blutigen Kämpfen und Volksfeststimmung abgehalten. Nach 1560 entstand ein abgeschlossenes Rechteck parallel zur Westfassade des Doms, das vom Stephansplatz aus durch zwei Tore zugänglich war.

Die Brandstatt war im 16. Jahrhundert eine Art Marktplatz, worauf der deutsche Komponist, Dichter und Pfarrer Wolfgang Schmeltzl (um 1500–1564) in seinem Gedicht „Ein Lobspruch der Stadt Wien in Österreich" hinweist:

…Ich hab' mich dann zur Brandstatt gewandt.
Jed' Hausgeräthe ich da fand,
Um billig Geld ist's feil alltag,
Daß man Bedarf wohl decken mag.
Der Heilthumstuhl steht nah dabei,
Darunter hört' ich süß' Geschrei,
Viel' Vögel bot man da zum Kauf,
Und Fässer voll bis ganz hinauf
Mit feisten Kapaunen angefüllt,
Auch viel des Wildprets feil man hielt.
Das Volk spazierte hin und wider,
Eins stieß mich auf, das And're nieder …

Im 18. Jahrhundert war der Platz ringsum von Verkaufsläden besetzt. 1873 wurden die sieben hier aufgebauten Häuser niedergerissen und auf der gesamten Hoffläche acht palastartige Zinshäuser errichtet. Als Begrenzung dieser Bauten, die das Feuer 1945 zerstörte, dienten die Jasomirgottgasse und die heutige Brandstätte. Diese verläuft nun fast im rechten Winkel zur alten Brandstatt. An der Brandstätte Nummer 8 befand sich im 19. Jahrhundert der Gasthof „Zum Roten Igel", woran ein Mosaik an der Fassade des 1906 errichteten Nachfolgebauwerks erinnert. An der Brandstätte Nummer 3 erinnert ein Fassadendekor an den verheerenden Brand im Jahr 1276.

Zuletzt zu einem sagenumwobenen Baum am Stephansplatz, der dort stand, als mit der Errichtung des Doms begonnen wurde:

Als der Baumeister Falkner das Stephanskirchlein und den Pfarrhof bauen sollte, da sagte er: „Diese Linde hier muss umgehauen werden! Hier muss der Pfarrhof stehen." Der Pfarrer Eberhard aber sagte: „Lasst mir doch meine liebe Linde stehen, ich hab sie so gern und ich sitze oft in ihrem Schatten. Sie ist genauso alt wie ich und sie soll nicht vor mir sterben."

Da wurde der Platz anders eingeteilt, so dass die Linde stehen bleiben konnte. Der Baumeister sagte: „Ich werde den Pfarrhof so bauen, dass die Linde zu Eurem Fenster hineinsieht. Ist Euch das recht?" Der Pfarrer antwortete: „Ja. Die Linde und ich, wir sind gute Freunde, sie soll mir immer nahe sein."

So kam es, dass Eberhard seine Linde jeden Morgen grüßen konnte, und die Vögel in den Zweigen antworteten ihm mit ihren Morgenliedern.

Das blieb viele Jahre so. Die Linde wurde immer größer und dichter, der Pfarrer aber wurde alt und müde. Er hatte schon weiße Haare und immer im Frühjahr wurde er krank. Aber der Duft der Lindenblüten und der frische Gesang der Vögel machten ihn immer wieder gesund.

Nun aber war er siebzig Jahre alt geworden, ein böser Husten quälte ihn und ließ ihn nicht schlafen. Als einmal im Herbste die Sonne so warm schien, als ob es Frühling werden wollte, setzte sich Eberhard ein wenig unter seine Linde. Er schaute in die Baumkrone hinauf und an vielen Stellen sah er den Himmel hindurch leuchten. Und als er die gelben Blätter herabfallen sah, da wurde er traurig und dachte: „Die Blätter sind die Tage meines Lebens. Wenn alle Blätter herabgefallen sein werden, dann werde ich tot sein. Und im Frühjahr wirst du vielleicht wieder blühen, du liebe Linde, und ich werde davon nichts mehr sehen." Mit diesen trau-

rigen Gedanken ging er schlafen. Am nächsten Morgen war er ganz schwach, und so legte er sich bald wieder zu Bett und sagte: „Ich möchte noch so lange leben, bis die Linde wieder blüht. Einmal noch möchte ich den Duft der Lindenblüten atmen, dann will ich gerne sterben."

Es kam der Winter und dem Pfarrer ging es immer schlechter. Weihnachten kam und er konnte nicht mehr allein gehen; sein Diener musste ihn führen, wenn er ein paar Schritte im Zimmer umhergehen wollte. Der Lindenbaum war kahl, der Frühling war noch weit fort und tiefer Schnee lag über dem Lande.

Eines Morgens wurde der Pfarrer wach und fühlte, dass er sterben müsse. Er konnte sich nicht mehr im Bette aufsetzen, sein Atem war schwach und setzte zuweilen ganz aus, so dass er glaubte, er müsse ersticken. Da rief er den Kirchendiener und sprach zu ihm: „Ich bitte dich, mach das Fenster auf!" „Aber Herr Pfarrer, es ist sehr kalt draußen." „Mach nur auf, ich muss sehen ... ob die Linde ..." Der Kirchendiener öffnete das Fenster und führte den Pfarrer hin. Aber was war das? Eberhard taumelte erschrocken zurück. Die Linde war voll Blüten mitten im Winter.

Lange sah Eberhard hinaus. Dann verließen ihn die Kräfte und er sank zu Boden. Der Kirchendiener fürchtete sich und wagte es nicht, den Sterbenden zu berühren. Der Wind wehte durch den Baum und trieb die duftenden Blüten durchs Fenster, so dass sie die Leiche ganz bedeckten.

Das mystische Erlebnis ist jederzeit: hier und jetzt. In Freiheit, die Distanz ist, in Schweigen, das aus Stille kommt.

Dag Hammarskjöld, schwedischer Politiker, 1905–1961

ANHANG

QUELLEN- UND LITERATURVERZEICHNIS

Bechstein, Ludwig: Volkssagen, Mährchen und Legenden des Kaiserstaates Österreich. Verlag Georg Olms, Leipzig 1840

Beck, Peter und Bouchal, Robert: Kraftorte in Wien. Pichler Verlag, Wien 2007

Bieberger, Christof, Gruber, Alexandra und Hasmann, Gabriele: Spuk in Wien – Von verborgenen Geistern und Spuren ins Jenseits. Verlag Ueberreuter, Wien 2004

Csendes, Peter und Opll, Ferdinand: Wien, Geschichte einer Stadt. Bd.1, Von den Anfängen bis zur Ersten Wiener Türkenbelagerung (1529). Verlag Böhlau, Wien 2000

Czeike, Felix: Wien: Kunst, Kultur und Geschichte der Donaumetropole. DuMont Verlag, Köln 1977

Domany, Karin und Hisch, Johann: Der Stephansdom – Orientierung und Symbolik. Wiener Domverlag, Wien 2010

Edelmann, Gabriele: Zurschaustellungen von ‚Abnormitäten‘ und ‚Freaks‘ in Wien. Eine Untersuchung der Aufführungspraxis von Prodigien. Diplomarbeit, Wien 2009

Feuchtmüller, Rupert: Der Wiener Stephansdom. Wiener Domverlag, Wien 1978

Feuchtmüller, Rupert: Der unbekannte Dom St. Stephan in Wien, Herder Verlag, Freiburg 1997

Feuerstein, Michaela und Milchram, Gerhard: Jüdisches Wien – Stadtspaziergänge. Böhlau Verlag, Wien 2001

„Freund des Lichts“: Ritual und Aufdeckung der Freimaurerei. Leipzig 1838

Gruber, Reinhard H.: Der Stephansdom zu Zeit Mozarts – Geschichte und G'schichterln (www.dommusik-wien.at.). Pichler Verlag, Wien 2005

Gruber, Reinhard H. und Bouchal, Robert: Der Stephansdom. Pichler Verlag, Wien 2005

Gugitz, Gustav: Die Sagen und Legenden der Stadt Wien. Hollinek Verlag, Wien 1952

Hartlaub, Gustav Friedrich: Kunst und Magie. Luchterhand Verlag, Hamburg 1991

Blick gegen die Westempore von St. Stephan. Gemälde von Melchior Seltzam, 1816.

Hasmann, Gabriele und Hepp Ursula: Hexen, Heiler und Dämonen – Geheimnisvolle Orte und magische Menschen in Österreich. Verlag Ueberreuter, Wien 2010

Hormayr, Josef Freiherr von: Wien, seine Geschichte und seine Denkwürdigkeiten. Verlag der Franz Härter'schen Buchhandlung, Wien 1824

Jaindl, Elisabeth: Der Stephansdom im alten Wien – Geschichte und Geschichten. Kellner Verlag, Wien 1997

Köhler, Anton: Curiositäten- und Memorabilienlexikon von Wien. Wien 1846

Lukacs, Gabriele und Bouchal, Robert: Unheimliches Wien. Gruselige Orte, Schaurige Gestalten, Okkulte Experimente. Pichler Verlag, Wien 2010

Mailly, Anton von: Allerlei Merkwürdigkeiten vom Wiener Stephansdom. Selbstverlag, Wien 1923

Nissen, Georg Nicolaus von: Biographie W. A. Mozart's. Herausgeberin: Constanze, Wittwe von Nissen (früher Wittwe Mozart), Breitkopf und Härtel, Leipzig 1828

Roth, Gerhard: Die Archive des Schweigens: Eine Reise in das Innere von Wien, Fischer Verlag, Frankfurt 1993

Rupprich, Hans: Vom späten Mittelalter bis zum Barock. C.H. Beck'sche Verlagsbuchhandlung, München 1994

Sachslehner, Johannes und Bouchal, Robert: Mystisches Wien. Verborgene Schätze, versunkene Welten, Orte der Nacht. Pichler Verlag, Wien 2004

Schwarz, Rudolf und Novak, Irmi: Geheimnisvoller Stephansdom. Aufklärerisches der besonderen Art. TextFactory, Wien 1998

Sinn, Dieter: Das große Verbrecherlexikon. Manfred Pawlak Verlagsgesellschaft mbH., Herrsching, 1976

Stifter, Adalbert (Hrsg. Elisabeth Buxbaum): Wien und die Wiener in Bildern aus dem Leben (1844). LIT Verlag, Wien 2005

Unser Stephansdom, Nr. 80 im Juli 2008, Nr. 87 im März 2010

Wiener Jahrbuch für Kunstgeschichte XXXVIII (Beitrag von Christoph Gerhardt). Hermann Böhlaus Nachf. GesmbH, Wien 1985

Wiener Pädagogische Gesellschaft: Wiener Sagen. Deutscher Verlag für Jugend und Volk, Wien 1923

http://www.aeiou.at

http://www.astroconsulting.at

http://austria-lexikon.at

http://www.die-bibel.de

http://www.dombauwien.at

http://www.erzdioezese-wien.at

http://www.firefighter.at

http://www.hebbel.at

http://www.minnesang.com

http://www.news.at

http://www.oktogon.at

http://www.peter-diem.at

http://www.planet-vienna.com

http://www.sagen.at

http://www.stadt-eisenberg.de

http://www.stephansdom.at

http://www.stephanskirche.at

http://www.st.stephan.at

http://viennatouristguide.at

http://www.wienerzeitung.at

http://www.wikipedia.at

BILDNACHWEIS

iStockphoto/TZfoto: Umschlagbild vorne

Willfried Gredler-Oxenbauer: 7, 41, 44, 55, 74, 85, 100, 102, 105, 107, 111, 125, 128, 138, 149, 170, 172 (rechts), 173, 183, 187, 198, 203

IMAGNO/Austrian Archives: 53, 54, 197, 213

Wien Museum: 26, 35, 73, 143, 154, 165, 166/167, 188, 193, 194/195, 208

Chorherrenstift Klosterneuburg, Stiftsmuseum: 27

Bildarchiv der Österreichischen Nationalbibliothek: 12, 19

Österreichische Nationalbibliothek: 163, 190

Archiv der Erzdiözese Wien (Foto: Karl Grohmann): 46

Erzbischöfliches Dom- und Diözesanmuseum, Wien: 92

Franz Tschischka, Der St. Stephans-Dom in Wien und seine alten Kunstdenkmale (Wien 1832): 29, 30, 39, 96, 106, 108/109, 113, 152

Karl Eduard Schimmer, Alt und Neu Wien. Geschichte der österreichischen Kaiserstadt (Wien und Leipzig 1904): 172 (links), 179

Joseph Ogesser, Beschreibung der Metropolitankirche zu St. Stephan in Wien (Wien 1779): 184

Moriz Bermann, Sagen und Geschichten aus der Kaiserstadt Wien (Stuttgart o. J.): 49

Richard Kurt Donin, Der Wiener Stephansdom und seine Geschichte (Wien 1946): 119

Das Wiener Heiligthumbuch. Nach der Ausgabe vom Jahre 1502 sammt den Nachträgen von 1514. Herausgegeben vom K. K. Österr. Museum für Kunst und Industrie (Wien 1882): 11, 180, 181

Austria Mariana seu virgineae Dei-Parentis iconum per Austriam origines progressus ac beneficia singularia (Wien 1735): 95

Guido List, Deutsch-Mythologische Landschaftsbilder (Wien o. J.): 156

Picasaweb.google.com: 8

www.planet-vienna.at: 147 (Foto: Andreas Faessler)

www.stephansdom.at: 77 (Foto: Mag. Roman Szczepaniak), 141

www.austria-lexikon.at: 82, 83

Commons.wikimedia: 14/15, 16, 20, 21, 23 (Foto: Invisigoth67), 37, 58, 61, 62, 65, 68, 78, 115, 117 (Foto: Markus Leupold-Löwenthal), 135, 204

Privatsammlung, Wien: 89

Privatsammlung: 133

Sammlung Dr. Hänsel: 123, 174

Archiv Pichler Verlag: 2 (Radierung von unbekanntem Künstler, um 1910), 169

Autorin und Verlag bedanken sich für die freundlichen Abdruckgenehmigungen.

EIN HERZLICHES DANKE AN

EIN HERZLICHES DANKE AN

Peter Diem
Reinhard Habeck

Der Stephansdom wurde zum Symbol für die Freiheit und Unabhängigkeit Österreichs. Druckgrafik, 1945.

In einer fesselnden *Tour de force* durch die Geschichte und
Landschaft Österreichs zeigt Reinhard Pohanka, dass der
Teufel noch immer allgegenwärtig ist: von Teufelssteinen und
Teufelsmühlen bis zum Krampus, von Pflanzen der „Hexen"
bis zu angeblichen „Teufelstieren". Ein packendes Buch über
die immense historische Wirkkraft der Teufelsfantasien und
Teufelsbilder, die bis heute unsere Kultur durchdringen.

Reinhard Pohanka
TEUFLISCHES ÖSTERREICH
Geschichten aus einem höllischen Land

224 Seiten, 17 x 24 cm
Hardcover mit SU, durchgehend Farbe
€ 24,95 · ISBN: 978-3-85431-542-1

pichler verlag

Alchemisten, Zauberer und Goldmacher fanden in der
Kaiserstadt Wien einst einen fruchtbaren Boden; noch immer
treiben „weiße Frauen" und Poltergeister in Häusern und
Palästen ihr Unwesen; in unterirdischen Labyrinthen, in
Grüften und Stollen lauert das Grauen – Robert Bouchal und
Gabriele Lukacs führen auf ihrer packenden Entdeckungs-
reise in diese dunkle Welt von Wien, in das Reich der Rätsel
und des Todes.

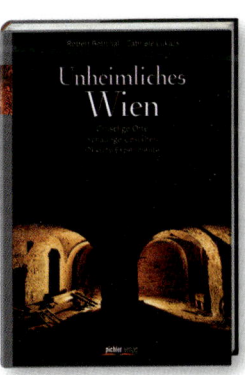

Gabriele Lukacs · Robert Bouchal
UNHEIMLICHES WIEN
Gruselige Orte · Schaurige Gestalten
Okkulte Experimente

208 Seiten, 17 x 24 cm
Hardcover mit SU, durchgehend Farbe
€ 24,95 · ISBN: 978-3-85431-534-6

pichler verlag

IMPRESSUM

ISBN: 978-3-85431-555-1

styria

© 2011 by *Pichler Verlag* in der
Verlagsgruppe Styria GmbH & Co KG
Wien · Graz · Klagenfurt
Alle Rechte vorbehalten

Bücher aus der Verlagsgruppe Styria gibt es
in jeder Buchhandlung und im Online-Shop

styriabooks.at

Buchgestaltung: Bruno Wegscheider
Layout: Alfred Hoffmann

Reproduktion: Pixelstorm, Wien
Druck und Bindung:
Druckerei Theiss GmbH,
St. Stefan im Lavanttal